ŽINIA

APIE

KRYŽIŲ

ŽINIA
APIE
KRYŽIŲ

Dr. Džeirokas Li

URIM
BOOKS

ŽINIA APIE KRYŽIŲ Dr. Džeirokas Li

Leidykla: Urim Books (Atstovas: Syn-kion Vin)
235-3, Guro-dong3, Guro-gu, Seulas, Korėja
www.urimbooks.com

Autorinės teisės © 2012 Dr. Džeirokas Li
ISBN: 978-89-7557-617-1
Vertimo autorinės teisės © 2011 Dr. Ester K. Čung. Naudojama pagal leidimą

2002 m. išleista „Urim Books" korėjiečių kalba

Pirmas leidimas: 2012 m. birželis

Redagavo Dr. Gym-sun Vin
Maketavo: „Urim Books" redaktorių biuras
Daugiau informacijos: urimbook@hotmail.com

V

PRATARMĖ

Kad perprastumėte Dievo širdies gelmes ir Jo didingą
meilės planą, bei padėtumėte tvirtus savo tikėjimo pamatus

Nuo 1986 metų *Žinia apie Kryžių* atvedė daugybę žmonių į
išgelbėjimo kelią ir parodė nesuskaičiuojamus Šventosios dvasios
darbus daugelyje užsienio evangelizacijų. Galų gale Dievas Tėvas
palaimino mane, kad išleisčiau šią knygą. Visą padėką ir šlovę
atiduodu Jam!

Daug žmonių teigia, kad jie tiki Dievu Kūrėju ir žino Jo
Sūnaus Jėzaus Kristaus meilę, tačiau nesugeba užtikrintai skelbti
evangelijos. Iš tiesų tik nedaug krikščionių supranta Dievo širdį
ir Jo planą. Be to, kai kurie krikščionys yra atskirti nuo Dievo,
kadangi neturi aiškių atsakymų į daugybę Biblijoje esančių
klausimų ir nesupranta paslaptingo Dievo meilės plano.

Pavyzdžiui, ką atsakytumėte, jei jums užduotų tokius tris
klausimus: „Kodėl Dievas sukūrė gėrio ir blogio pažinimo medį
ir leido žmogui valgyti jo vaisių?" „Kodėl Dievas sutvėrė pragarą,
nors ir paaukojo Savo Sūnų Jėzų Kristų už nusidėjėlius?" ir
„Kodėl Jėzus yra vienintelis Išgelbėtojas?"

Pirmaisiais savo krikščioniško gyvenimo metais aš negalėjau suprasti giluminio Dievo kūrimo plano ir Jo paslėpto, kryžiuje glūdinčio plano. Kai buvau pašauktas būti evangelijos tarnautoju, pradėjau savęs klausti: „Kaip galiu atvesti daugybę žmonių į išgelbėjimo kelią ir pašlovinti Dievą?" Mane nušvietė mintis, jog per Dievo išaiškinimą turiu suprasti visus Biblijos žodžius, net ir sunkiai suvokiamas Biblijos vietas, ir pamokslauti tai visame pasaulyje. Šiuo tikslu aš pasninkavau ir meldžiausi taip dažnai, kaip tik galėjau. Praėjo septyni metai ir Dievas pradėjo man tai rodyti.

1985 metais, iš visos širdies besimelsdamas, buvau pripildytas Šventosios Dvasios. Ji pradėjo aiškinti man slaptą Dievo planą, kuris niekam nebuvo žinomas. Tai buvo „Žinia apie kryžių." Tai pamokslavau dvidešimt vieną savaitę per kiekvieną sekmadienio rytinį tarnavimą. „Žinios apie kryžių" garsajuostės įtakojo daugybę žmonių šalyje ir užsienyje. Kuomet buvo pamokslaujama „Žinia apie kryžių," Šventoji Dvasia visuomet veikdavo tarsi liepsnojanti ugnis. Daug žmonių atgailavo dėl savo nuodėmių ir buvo išgydyti nuo savo ligų ir negalių. Jie atsikratydavo dvejonių dėl Dievo plano ir įgydavo tikrą tikėjimą bei amžinąjį gyvenimą. Iki tol jie taip tikrai nepažinojo Dievo ir Jo gilios meilės. Per šią žinią jie susitiko su Dievu, pradėjo suprasti Jo planą ir rado amžinojo gyvenimo viltį.

Jei jūs aiškiai suvoksite, kodėl Dievas patalpino gėrio ir blogio pažinimo medį Edeno sode, galėsite suprasti žmonijos ugdymo planą ir dar uoliau pamilsite Dievą. Be to, žinodami tikrą savo gyvenimo tikslą, galėsite kovoti prieš savo nuodėmes „iki kraujų" ir iš visų jėgų stengsitės, kad jūsų širdis būtų panaši į Viešpaties Jėzaus Kristaus, ir būsite ištikimi Dievui iki pat mirties.

Žinia apie Kryžių atskleis jums paslaptingą Dievo planą, glūdintį kryžiuje, ir padės jums padėti tvirtą tikro ir gero krikščioniško tikėjimo pamatą. Todėl kiekvienas, kuris perskaitys šią knygą, sugebės suprasti didį Dievo planą ir gilią meilę, įgys tikrą tikėjimą, bei pradės ir tęs tokį krikščionišką gyvenimą, kuris patinka Dievui.

Esu be galo dėkingas dr. Gym-sun Vin, „Urim Books" redaktorių biuro direktorei, ir jos personalui už visas pastangas išleisti šią knygą.

Tegul nesuskaičiuojama daugybė žmonių supranta gilų Dievo planą, tesusitinka su meilės Dievu ir tebūnie išgelbėti, kaip tikri Dievo vaikai, - viso to meldžiu Viešpaties Jėzaus Kristaus vardu!

Džeirokas Li

ĮŽANGA

Žinia apie Kryžių – tai Dievo išmintis ir jėga, šią galingą žinią turi priimti viso pasaulio krikščionys!

Dėkoju ir giriu Dievą Tėvą, kuris vedė mus *Žinios apie Kryžių* publikavime. Daugybė Manmin bažnyčios narių visame pasaulyje laukė šios knygos leidimo. Šioje knygoje yra aiškūs atsakymai į daugelį krikščionių užduodamų klausimų: „Koks buvo Dievas Kūrėjas prieš visa ko pradžią?" „Kodėl Dievas sutvėrė žmogų ir leido jam gyventi šioje žemėje?" „Kodėl Dievas sukūrė gėrio ir blogio pažinimo medį Edeno sode?" „Kodėl Dievas siuntė savo vienintelį viengimį Sūnų, kad Jis būtų išpirkimo atnaša?" „Kodėl Dievas numatė išgelbėjimo planą per grubų medinį kryžių?" – ir į daugelį kitų klausimų.

Šioje knygoje pateikiami dvasiškai įkvėpti Dr. Džeiroko Li pamokslai, kurie padeda jums pažinti ir suprasti gilią, plačią ir didingą Dievo meilę.

1 Skyrius „Dievas Kūrėjas ir Biblija" supažindina su Dievu ir Jo veiksmais jūsų tarpe. Šiame skyriuje galėsite paskaityti apie gyvojo Dievo egzistavimo įrodymus ir pamatyti Biblijos

teisingumą per žmonijos istorijos prizmę. Be to, jame yra įrodomas evoliucijos teorijos klaidingumas ir Dievo kūrimo tiesa.

2 Skyrius „Dievas sukuria žmogų ir jį ugdo," liudija apie tai, kad Dievas sutvėrė viską visatoje ir sukūrė žmogų pagal Savo atvaizdą. Taip pat šiame skyriuje paaiškinamas tikroji žmogaus gyvenimo prasmė ir Jo tikslas ugdyti žmones kaip savo paties tikrus dvasinius vaikus.

3 Skyriuje „Gėrio ir blogio pažinimo medis," pateikiamas atsakymas į fundamentalų visų krikščionių klausimą: „Kodėl Dievas sukūrė gėrio ir blogio pažinimo medį Edeno sode?" Šiame skyriuje atsakymas yra detaliai paaiškinamas, parodant Dievo, ugdančio žemėje žmogiškąsias būtybes, gilią meilę ir paslaptingą planą.

4 Skyrius „Paslaptis nuo pat laiko pradžių," paaiškina santykį tarp žemės išpirkimo įstatymo ir dvasinio žmonių išgelbėjimo įstatymo (Kunigų 25). Jame taip pat skaitysite apie tai, kad visiems žmonėms teko nueiti mirties keliu dėl jų nuodėmių, tačiau Dievas paruošė puikų jų išgelbėjimo kelią dar prieš atsirandant laikui. Galiausiai, sužinosite, kodėl Dievas paslėpė žmonių išgelbėjimo kelią iki pat Jo išrinkto laiko, ir kaip Jėzus atitiko žemės išpirkimo įstatymo reikalavimus.

5 Skyriuje „Kodėl Jėzus yra mūsų vienintelis Išgelbėtojas?" paaiškinama, kaip dar iki laiko atsiradimo Dievo paslėptas

žmonių išgelbėjimo planas išsipildė per Jėzų Kristų, kodėl Jis buvo nukryžiuotas, kokie yra Dievo vaikų palaiminimai ir teisės, ką reiškia vardas „Jėzus Kristus," kodėl Dievas nedavė žmonėms po dangumi kito vardo, kuriuo turime būti išgelbėti, ir t.t. Jūs pajausite neišmatuojamą Dievo meilę, jei suprasite šiame skyriuje pateiktą pamokslo dvasinį pritaikymą.

6 Skyrius „Kryžiaus planas," apšvies jus apie gilias Jėzaus kančių prasmes. Kodėl Jėzus gimė tvarte ir gulėjo ėdžiose, jeigu Jis iš tikrųjų buvo Dievo Sūnus? Kodėl visą savo gyvenimą Jis buvo skurdžius? Kodėl visas Jo kūnas buvo iščaižytas, kodėl Jam buvo uždėtas erškėčių vainikas, kodėl Jo rankos ir kojos buvo prikaltos prie kryžiaus? Kodėl Jis kentėjo skausmą iki tokio lygio, kad ištekėjo visas Jo kraujas ir vanduo?

Šiame skyriuje pateikiami konkretūs atsakymai į tokius klausimus, todėl tai padės jums suprasti dvasinę Jo kančių prasmę. Per jūsų supratimą ir tikėjimą dvasinėmis Jėzaus kančių prasmėmis bus išspręstos įvairiausių ligų bei negalių, skurdo, šeimos nesantaikos, verslo sunkumų ir kitos panašios problemos. Šis skyrius padės jums pažinti tokią gilią Dievo meilę, atsikratyti bet kokio blogio ir būti dieviškosios prigimties dalininkais.

7 Skyriuje, „Paskutiniai septyni Jėzaus pasakymai ant kryžiaus," išaiškinama dvasinė Jėzaus prieš pat Jo mirtį ant kryžiaus ištartų septynių paskutiniųjų pasakymų prasmė. Per paskutinius septynis pasakymus ant kryžiaus Jis įvykdė Savo misiją, kurią Jam buvo paskyręs Jo Tėvas Dievas. Šiame skyriuje pabrėžiama, kad mes turime suprasti, kaip didžiai Jėzus pamilo

žmoniją, laukti Jo Antrojo atėjimo ir kovoti gerą tikėjimo kovą iki galo, apimtiems prisikėlimo vilties.

8 Skyriuje „Tikras tikėjimas ir amžinasis gyvenimas," sakoma, kad mes tampame viena su mūsų Jaunikiu Jėzumi Kristumi tik tikro tikėjimo pagrindu. Biblija mus įspėja, kad yra tokių, kurie sakosi esą tikintys Gelbėtoju Jėzumi Kristumi, tačiau Teismo dieną negalės būti išgelbėti. Biblijoje yra akcentuojama ne tik tai, kad mes turime priimti Jėzų Kristų, bet ir tai, kad mes turime valgyti Žmogaus Sūnaus kūną ir gerti Jo kraują, kad gautume amžiną išgelbėjimą. Tik valgydami Jo kūną ir gerdami Jo kraują galime turėti tikrą tikėjimą, kuris veda į išgelbėjimo kelią. Šis skyrius atskleidžia mums tikrojo tikėjimo esmę, parodo, kaip tai įgyti ir ką mes turime daryti, kad pasiektume pilną išgelbėjimą.

9 Skyriuje „Gimimas iš vandens ir Dvasios," iš pradžių minimas Jėzaus ir Nikodemo dialogas. Šis pokalbis turi savyje *Žinios apie Kryžių* prasmę. Mūsų širdys iki pat Jėzaus sugrįžimo nuolat turi būti atnaujinamos vandeniu ir Šventąja Dvasia ir mes turime saugoti savo sveiką dvasią, sielą ir kūną nepriekaištingais Antrojo Viešpaties Jėzaus Kristaus atėjimo, to laiko, kai Viešpats priims mus, kaip Savo nuostabią nuotaką, metu.

10 Skyrius „Kas yra erezija?" susideda iš dviejų dalių, erezijos esmės ir apsvarstymų apie negatyvų ir neteisingą jos supratimą, kuris šiandien vyrauja tarp krikščionių. Šiandien daug žmonių neteisingai supranta ar peikia stiprius Dievo darbus, neapgalvotai laikydami juos eretiškais ar neteisingais dėl to, kad jie nežino

biblinio erezijos apibūdinimo. Šiame skyriuje esame įspėjami, kad nereikia peikti ar smerkti Šventosios Dvasios darbų, kaip eretiškų, bei dėl kai kurių eretiškų denominacijų, ir mums paaiškinama, kaip galime atskirti tiesos Dvasią ir klaidos dvasią. Galiausiai šiame skyriuje pabrėžiama, kad reikia nuolatos melstis ir budėti bei gyventi tiesoje, kad nepakliūtumėme į klaidos dvasios pagundas.

1 Korintiečiams 1:18 apaštalas Paulius šitaip apibūdino žinią apie kryžių, Dievo išmintį: „*Mat žodis apie kryžių tiems, kurie žūsta, yra kvailystė, bet mums, išgelbėtiems, jis yra Dievo jėga.*" Kiekvienas žmogus gali turėti tikrą tikėjimą, susitikti su gyvu Dievu ir pilnumoje mėgautis krikščionišku gyvenimu, kai supras kryžiuje glūdinčias paslaptis ir suvoks gilųjį Dievo meilės žmonijai planą.

Žinia apie Kryžių yra pamatinis mokymas jūsų praktiškam gyvenimui. Todėl aš Viešpaties vardu meldžiu, kad jūs padėtumėte savo krikščioniško gyvenimo pamatus ir pasiektumėte pilną išgelbėjimą ir amžinąjį gyvenimą.

Gym-sun Vin
Redaktorių biuro direktorė

TURINYS

1 Skyrius

DIEVAS KŪRĖJAS IR BIBLIJA

- Dievas yra Kūrėjas
- AŠ ESU, KURIS ESU
- Dievas yra visažinis ir visagalis
- Dievas yra Biblijos Autorius
- Kiekvienas Biblijos Žodis yra Tiesa

„Pradžioje Dievas sutvėrė dangų ir žemę."

Pradžios 1:1

Šiame pasaulyje daugybė žmonių teigia, kad dievo nėra. Taip pat yra žmonių, kurie garbina žmogiškosios vaizduotės sukurtus dievus, arba pasidaro Dievo kūrinių atvaizdus ir garbina juos kaip dievus. Nors mes Jo negalime matyti, tačiau Dievas neabejotinai yra gyvas, ir yra tik vienas Dievas, kurį mes turime garbinti. Dievas yra visatos, žmonių ir visa ko kūrėjas. Jis yra visa ko valdovas ir teisėjas.

Kokia gi būtybė yra Dievas? Iš tiesų žmogui nėra lengva tai paaiškinti. Žmogus yra tik kūrinys. O Dievas pranoksta visas žmogiškąsias galimybes. Dievas yra beribis ir begalinis. Kiek besvarstytume, savo žmogiškuoju pažinimu mes negalime pilnai suprasti ir pažinti Dievo.

Nepaisant to, kad mes negalime pilnai Jo pažinoti, tačiau yra pagrindiniai dalykai, kuriuos mes, kaip Dievo vaikai, turime žinoti. Svarbiausi iš jų bus nuosekliai atskleisti šioje knygoje.

Dievas yra Kūrėjas

Šiandien pasaulyje yra daugybė knygų, tačiau nėra jokios kitos knygos, kaip Biblija, kurioje randame detalius ir aiškius atsakymus į tokius klausimus, kaip visatos sukūrimas ir jos ištakos bei žmogiškosios rasės pradžia ir pabaiga.

Biblijoje pateikiamas aiškus atsakymas į visatos ir gyvybės pradžios klausimą. Pradžios 1:1 parašyta: „*Pradžioje Dievas sutvėrė dangų ir žemę*,“ o Žydams 11:3 yra sakoma: „*Tikėjimu suvokiame, kad pasauliai buvo sutverti Dievo žodžiu, būtent iš neregimybės atsirado regima.*“ Ne viskas, ką matome, buvo sukurta iš kažko jau egzistavusio. Tai Dievo paliepimu buvo sukurta iš „nieko.“

Žmogus gali padaryti kažką iš kažko jau esamo, keisdamas arba kombinuodamas tas medžiagas, kurios jau yra, tokiu būdu sukurdamas kažką naujo, bet jis negali sukurti kažko iš nieko. Net neįmanoma įsivaizduoti, kad žmogus sukurtų gyvą organizmą. Nors mokslinės technologijos buvo išvystytos iki dirbtinio intelekto kompiuterių ir klonuotų avelių lygio, žmogus iš nieko negali sukurti net amebos.

Taigi, gyvi organizmai atsiranda tik iš to, kas jau buvo Dievo duota, žmonės tiesiog sukryžmina juos įvairiais būdais. Reikia pripažinti, kad žmogus gali tik tiek.

Taigi, aišku, kad tik Dievas gali sukurti kažką iš nieko. Tik Dievas Kūrėjas savo paliepimu sutvėrė visatą, Jis ją valdo ir Jo rankose yra visa pasaulio istorija, gyvenimas ir mirtis, žmonijos palaiminimai ir prakeiksmai.

Dievo K r jo egzistavimo rodymas

Namas, stalas ar net vinis – viskas yra kažkieno sukonstruota. Ir be žodžių suprantama, kad turi būti ir šios neapmatomos visatos projektuotojas. Turi egzistuoti valdytojas, kuris ją sukūrė ir valdo. Jis yra Dievas Kūrėjas, apie kurį daug kartų kalbama

Biblijoje.

Apsidairę aplinkui matome daugybę kūrimo įrodymų. Vienas iš paprasčiausių pavyzdžių būtų stulbinanti žemėje gyvenančių žmonių gausybė. Nepaisant rasės, amžiaus, lyties, socialinės padėties bei viso kito, kiekvienas žmogus turi po dvi akis, po vieną nosį, kurioje yra dvi šnervės, ir po vieną burną.

Nors gyvūnai dėl savo rūšių ypatumų ir turi nežymių skirtumų, pas visus juos vienoda snukio struktūra. Pavyzdžiui, dramblys turi ilgą nosį (straublį), bet jis yra jo snukio centre ir virš jo burnos. Jis nėra virš jo akių, po jo burna, ar ant viršugalvio. Kiekvieno dramblio straublyje yra dvi šnervės, kiekvienas turi po dvi akis, dvi ausis ir vieną burną. Visi skraidantys paukščiai, visos vandenynų ar upių žuvys yra vienodos struktūros.

Ne tik visų gyvūnų išorinė struktūra yra vienoda, bet ir visi žinduoliai turi identiškas virškinimo ir dauginimosi sistemas. Kiekvienas valgo maistą burna, po to tas maistas keliauja į skrandį ir yra pašalinamas iš kūno. Visi žinduoliai susiporuoja su priešinga lytimi ir pagimdo savo atžalas.

Pažvelgus į visus šiuos akivaizdžius įrodymus kartu, tikriausiai net negalima teigti, kad tai tik atsitiktinis sutapimas, ar evoliucijos įrodymas, grindžiamas pasakymu „išgyvena stipriausieji.“ Jokie tokie dalykai niekada net negali būti paaiškinti evoliucijos teorija.

Taigi, jau to fakto, kad ir žmonės, ir gyvūnai yra vienodų organinių struktūrų pakanka, kad įsitikintume, jog viskas buvo suprojektuota Dievo Kūrėjo. Jei būtų buvę daug dievų, o ne vienas Dievas, tai sutvėrimai turėtų skirtingą organų kiekį, būtų skirtingų kūnų struktūrų ir jų kūnų dalys būtų skirtingai išsidėsčiusios.

Be to, jei įdėmiau pažvelgsime į gamtą ir visatą, juose rasime dar daugiau sukūrimo įrodymų. Kaip nuostabu suvokti, kad visi dalykai saulės sistemoje, tokie kaip žemės sukimasis aplink saulę ir aplink savo ašį, vyksta be mažiausios klaidelės. Pažvelkite į laikrodį ant savo riešo. Jame yra daugybė sudėtingiausių dalelių. Jei trūks nors menkiausios iš jų, laikrodis neveiks. Taigi, ši visata buvo suprojektuota veikti pagal Dievo planą.

Pavyzdžiui, joks žmogus ar kokia kita gyvybės forma negalėtų egzistuoti, jei nebūtų aplink žemę besisukančio mėnulio. Mėnulis negalėtų būti išsidėstęs bent kiek toliau ar kiek arčiau žemės, negu jis yra dabar. Dievas patalpino jį tinkamu atstumu, kad žemėje galėtų gyventi žmonės.

Dėl dabartinės mėnulio padėties, jo gravitacinė traukos jėga reguliuoja jūros potvynius ir atoslūgius. Šie potvyniai sukrečia jūrą ir ją apvalo. Panašiai ir visa kita visatoje buvo sukurta judėti tiksliai pagal Dievo planą.

Kod l kai kurie žmon s netiki Dievu K r ju?

Kai kurie žmonės tiki Dievu Kūrėju ir gyvena pagal Jo Žodį. Kodėl gi žmonės, kurie mąsto moksliškai ir moksle ieško atsakymų į visus savo klausimus, netiki Dievu Kūrėju?

Jei mums nuo pat vaikystės tikrų krikščionių būtų įdiegta, kad Dievas yra gyvas ir Jis yra Visagalis Kūrėjas, mums nebūtų sunku tikėti Dievu Kūrėju.

Tačiau šiandien daugelis jau nuo pat paauglystės yra įtakojami evoliucionizmo, mus supa tiek daug „žinių," kurios nebūtinai visos yra teisingos. Mes taip pat bendraujame su žmonėmis, kurie netiki Dievu, arba Juo abejoja.

Kai žmonės iš štai tokios aplinkos ateina į bažnyčią ir girdi Dievo Žodį, dažnai jie dvejoja ir nesutinka, bei negali patikėti Dievu Kūrėju, kadangi jų anksčiau įgytos žinios prieštarauja tam, ką jie girdi ir ko yra mokomi bažnyčioje.

Tol, kol jūs neatsikratysite tų anksčiau pasaulyje įgytų žinių ir minčių, net jeigu reguliariai lankysite bažnyčią, jūs negalėsite gauti dvasinio tikėjimo – Dievo sužadinto tikėjimo, kuris yra labai toli nuo bet kokių abejonių.

Be dvasinio tikėjimo jūs negalite tikėti dangiškąja karalyste ar pragaru. Tokie žmonės regimą pasaulį suvokia kaip vienintelį pasaulį, ir visi gyvena kas kaip išmano.

Kiek kartų jau girdėjome teorijų, kurios tam tikru laiku buvo pripažintos ir priimtos, o po kiek laiko yra paneigiamos ar pakeičiamos naujų teorijų? Net jei tai ne šis atvejis, juk tai tiesa, kad visuotinai priimtos teorijos yra nuolat pataisomos ar papildomos vėliau atsiradusiais faktais.

Laikui bėgant ir tobulėjant mokslui, atsiranda vis geresnių paaiškinimų ir teorijų, nors visa tai ir nėra tobula. Negalėčiau teigti, kad visi daugelio mokslininkų tyrinėjimai yra neteisingi.

Tačiau turime pripažinti šį faktą, kad žemėje vis dar yra daug dalykų, kurių žmonės nesugeba paaiškinti.

Pavyzdžiui, jei kalbame apie visatą, juk niekas dar nėra buvęs atokiausiuose visatos taškuose ir niekas dar niekada nebuvo grįžęs į ankstesnius laikus. Nepaisant to, žmonės stengiasi paaiškinti visatą įvairiomis hipotezėmis ir teorijomis.

Prieš žmogui nuvykstant į mėnulį, buvo manyta: „Ten gali būti gyvų organizmų, arba jų turi būti kur nors šioje saulės sistemoje už žemės ribų." Tačiau po kelionės į mėnulį žmonės paskelbė: „Gyvų organizmų ten nėra." Šiandien mokslininkai kalba: „Įmanoma, kad Marse būtų gyvų organizmų," arba: „Raudonojoje planetoje yra vandens pėdsakų."

Net, jei jūs ilgą laiką tyrinėtumėte ir gilintumėte savo žinias, jei jūs nežinote Dievo Kūrėjo valios, plano ir jėgos, galiausiai atsitrenksite į žmogiškųjų galimybių ribas.

Taigi, Romiečiams 1:20 parašyta: *„Jo neregimosios ypatybės – Jo amžinoji galybė ir dievystė – nuo pat pasaulio sukūrimo aiškiai suvokiamos iš Jo kūrinių, todėl jie nepateisinami."*

Kiekvienas, kas atvers savo širdį ir susimąstys, galės pajausti Dievo jėgą ir Jo dieviškąją prigimtį per tokius kūrinius, kaip saulė, mėnulis ir žvaigždės, kūrinius, per kuriuos Dievas leidžia pamatyti, kad Jis yra, ir tikėti Juo.

AŠ ESU, KURIS ESU

Girdėdami apie Dievą Kūrėją, žmonės gali paklausti: „Kaip gi Jis iš pradžių egzistavo?" „Iš kur Jis atsirado?" arba „Kokiu pavidalu Jis egzistavo?"

Žmogiškasis pažinimas ir mintys negali peržengti tam tikrų ribų, kurios sako jam, kad visos būtybės turi turėti pradžią ir pabaigą. Todėl mums reikia aiškių atsakymų į tokius klausimus.

Kaip bebūtų, Dievas egzistuoja už žmogaus supratimo ribų, todėl Jis yra Tas, kuris „buvo,“ „yra“ ir „ateina.“

Išėjimo 3 skyrius vaizduoja mums, kaip Dievas paliepė Mozei vesti izraelitus į Kanaano žemę. Mozė savo ruožtu paklausė Dievo, kaip jam atsakyti izraelitams, kai jie klaus apie Jo vardą. Tą akimirką Dievas tarė Mozei: „*AŠ ESU, KURIS ESU,*“ ir liepė jam pasakyti izraelitams: „*AŠ ESU mane siuntė pas jus*“ (Išėjimo 3:14).

„Aš esu“ yra ta frazė, kurią Dievas naudojo, minėdamas Save asmeniškai, ir ji reiškia, kad niekas nėra Jo pagimdęs ar sutvėręs, bet Jis yra tobula būtybė, pats Kūrėjas.

Pradžioje Dievas buvo Šviesa su Balsu

Jono 1:1 sakoma: „*Pradžioje buvo Žodis, tas Žodis buvo pas Dievą, ir Žodis buvo Dievas.*“ Taigi, Dievas, kuris buvo Žodis, pačioje pradžioje egzistavo visiškai vienas, ir niekas Jo nebuvo sukūręs. Kaip ir kur Jis egzistavo?

Dievas yra Dvasia, taigi, Jis Žodžio pavidalu egzistavo ketvirtame išmatavime, dvasinėje sferoje, ne trečiame, regimame išmatavime. Dievas neturėjo jokio kito pavidalo, apart gilios ir gražios šviesos su tyru ir aiškiu balsu, ir Jis valdė visą visatą.

Todėl 1 Jono 1:5 parašyta: „*Tai yra žinia, kurią išgirdome iš Jo ir skelbiame jums, kad Dievas yra šviesa ir Jame nėra jokios tamsybės.*“ Šis sakinys turi dvasinę reikšmę ir išreiškia Dievo, kuris pradžioje buvo šviesa, savybę.

Pradžioje Dievas egzistavo šviesos su balsu pavidalu. Jo balsas yra tyras, malonus ir švelnus. Jis skamba visoje visatoje. Tie, kurie asmeniškai yra girdėję tą balsą, gali tai suprasti.

Prieš laiko pradži Dievas buvo vienas

Dievas Kūrėjas buvo dar prieš laiko pradžią, Jis suplanavo išauginti Savo tikrus dvasinius vaikus, todėl toliau vykdė savo planą. Todėl, jei jūs pilnumoje suprasite Dievą AŠ ESU, jūs turėtumėte atsisakyti visų savo mąstymo būdų, teorijų ir stereotipų, ir priimti Dievo pateiktą kūrimo darbą.

Priešingai Dievo sutvertiems dalykams, žmonių padaryti dalykai yra netobuli ir turi defektų. Kadangi žmonių žinios ir civilizacija nuolat tobulėja, pagaminama vis geresnių daiktų, tačiau jie vis vien turi daugybę trūkumų.

Yra tokių, kurie iš aukso, sidabro, bronzos ir kitų metalų padaro stabus ir lenkiasi jiems, melsdami palaimų. Tai tiesiog stabai iš medžio, metalo ar akmens stabai-nebyliai, kuriuose nėra kvapo, kurie net akimis nemirkčioja (Habakuko 2:18-19).

Vadindami save išmintingais, iš tiesų žmonės negali atskirti tiesos nuo melo ir daro sau atvaizdus, vadina juos savo dievais, bei juos garbina (Romiečiams 1:22-25). Kaip tai kvaila ir gėdinga!

Taigi, jei žmonės garbino ir tarnavo tariamiems dievams, kadangi nežinojo Dievo, jiems derėtų nuodugniai už tai atgailauti, garbinti Dievą AŠ ESU ir vykdyti savo, kaip Jo vaikų, pareigas.

Dievas yra visažinis ir visagalis

Dievas Kūrėjas, sukūręs visą visatą, yra tobula būtybė. Jis egzistavo dar prieš prasidedant laikui ir yra visažinis ir visagalis. Biblijoje yra užrašyta daugybė ženklų ir stebuklų, kurių neįmanoma padaryti jokiomis žmonijai žinomomis jėgomis ar žiniomis.

Šiuos galingus visažinio ir visagalio Dievo, kuris yra tas pats vakar ir šiandien, darbus, tiek Naujajame, tiek Senajame Testamentuose vykdė daugelis Dievo žmonių, turėjusių Jo jėgą.

Taip yra todėl, kad žmonės netiki, kol nepamato Visagalio Dievo darbų, kaip Jėzus pasakė Jono 4:48: *„Jeigu jūs nepamatysite ženklų ir stebuklų, tiesiog nepatikėsite."*

Dievas rodo nuostabius ženklus ir stebuklus

Išėjimo knygoje detaliai aprašomi visažinio ir visagalio Dievo per Mozę padaryti nuostabūs stebuklai ir ženklai, kai Jis išvedė izraelitus iš Egipto į Kanaano žemę.

Pavyzdžiui, kai Dievas siuntė Mozę pas faraoną, Egipto karalių, Jis ant jo ir jo tautos užtraukė dešimt bausmių, nutiesė izraelitams sausą kelią, perskirdamas Raudonąją jūrą, ir nušlavė visą egiptiečių kariuomenę juos užliejusiomis bangomis.

Net po Išėjimo, kai Mozė sudavė per uolą savo lazda, iš jos ištryško vanduo, kartus vanduo virto saldžiu, o iš dangaus krito mana, todėl milijonai žmonių galėjo gyventi nesirūpindami maistu.

Toliau Senajame Testamente matome, kaip Dievas suteikė Elijui galios pranašauti trijų su puse metų sausrą, atverti lietų tik per savo maldą ir prikelti mirusį.

Naujajame Testamente matome Jėzų, Dievo Sūnų, prikeliantį Lozorių, kuris jau keturias dienas buvo miręs, atveriantį aklųjų akis, gydantį daugybę žmonių nuo įvairiausių ligų, negalių, išvarantį piktąsias dvasias. Jis vaikščiojo vandens paviršiumi, nutildydavo vėją ir nuramindavo bangas.

Dievas rodė neeilinius stebuklus Pauliaus rankomis, kad, uždėjus ant ligonių skepetaites ar prijuostes, buvusias ant jo kūno, jie išsivaduodavo nuo ligų ir piktųjų dvasių (Apaštalų darbų 19:11-12). Daugybė ženklų lydėjo Petrą, kuris buvo vienas iš geriausių Jėzaus mokinių. Žmonės nešdavo ligonius į gatves ir guldydavo juos tenai ant lovų ar patiesalų, kad ant jų kristų bent einančio Petro šešėlis (Apaštalų darbų 5:15).

Be to, Dievas Biblijoje darė stebuklus ir rodė ženklus per Steponą ir Pilypą, Jis ir šiandien juos rodo per mūsų bažnyčią.

Buvo išgydyta daug nepagydomų ligų, tokių, kaip vėžys, džiova, leukemija ir AIDS. Mirusieji buvo prikeliami ir luošieji atsistodavo ant kojų, imdavo vaikščioti ir bėgioti.

Be to, Dievas rodo didžius ženklus ir stebuklus, ypatingus ir žymius dalykus: per maldą, įrašytą telefono aparate, per skepetaites, už kurias aš meldžiausi, daugybė žmonių buvo išgydyti, sulūžę prietaisai buvo sutaisyti ir širdžių troškimai buvo išpildyti.

Taigi, kas tik patikės šiuo Visagaliu Dievu ir melsis pagal Jo valią, gali gauti viską, ko bepaprašytų maldoje.

Dievas yra Biblijos Autorius

Dievas yra Dvasia, tad yra nematomas, tačiau Jis visuomet įvairiais būdais apsireikšdavo. Pagrinde Dievas atsiskleidžia per gamtą, o ypatingai išsigydžiusių ar gavusių atsakymą iš Jo žmonių liudijimuose. Jis taip pat detaliai atskleidžia save per Bibliją.

Taigi, per Bibliją, suvokdami Dievo darbą, galite pažinti tikrąjį Vieną Dievą, susitikti su Juo bei pasiekti išgelbėjimą ir amžinąjį gyvenimą. Dar pridursiu, kad, suvokdami, Dievo širdį ir suprasdami, kaip Jį mylėti ir kaip būti Jo mylimam, jūs galite gyventi sėkmingą gyvenimą ir atiduoti garbę Dievui (2 Timotiejui 3:15-17).

Raštas yra Dievo kv ptas

2 Petro 1:21 parašyta, kad „*pranašystė niekada nėra atėjusi žmogaus valia, bet kalbėjo Šventosios Dvasios įkvėpti šventi Dievo žmonės,*" o 2 Timotiejui 3:16 yra sakoma: „*Visas Raštas yra Dievo įkvėptas.*" Tai reiškia, kad Biblija nuo Pradžios knygos iki Apreiškimo knygos yra Dievo Žodis, kuris buvo užrašytas pagal Dievo valią.

Todėl čia randame daug tokių frazių, kaip: „Dievas sako," „Viešpats sako" ir „Viešpats Dievas sako." Tai patvirtina, kad Biblija nėra žmogaus žodis, bet Dievo Žodis.

Biblija yra sudaryta iš šešiasdešimt šešių knygų, iš kurių trisdešimt devynios yra Senojo Testamento ir dvidešimt septynios—Naujojo Testamento knygos. Jas rašiusių žmonių skaičius yra 34. Biblijos rašymo periodas tęsiasi nuo 1500 metų pr. Kr. iki 100 metų po Kr., maždaug 1600 metų. Nuostabiausia yra tai, kad, nors ji yra parašyta daugelio įvairių autorių, Biblija savo visumoje yra absoliučiai vientisa nuo pat pradžių iki galo, ir visos eilutės atitinka viena kitą.

Taigi, Izaijo 34:16 parašyta: *„Skaitykite ir tyrinėkite Viešpaties raštus – visi susirinks, kaip pasakyta. Viešpats taip pasakė, ir Jo dvasia juos surinks."*

Taip galėjo įvykti tik todėl, kad tikrasis Biblijos rašytojas yra Dievas, nes Šventoji Dvasia vadovavo ją rašiusiųjų širdims ir surinkdavo kartu Žodžius. Atminkite, kad Biblijos rašytojai rašė ją kito vardu, Dievo vardu, tikrasis Biblijos rašytojas yra Dievas.

Paimkime pavyzdį. Tarkime, kad kaimo vietovėje gyvena senyva motina. Ji siunčia laišką savo jaunesniam sūnui, kuris studijuoja mieste. Ji yra beraštė, todėl diktuoja šį laišką savo vyresniam sūnui. Kuomet jaunesnysis sūnus mieste gaus tą laišką, jis ir pamanys, kad motina atsiuntė jam laišką, o ne jo vyresnysis brolis, nors faktiškai jis ir buvo parašytas jo brolio. Tas pats ir su Biblija.

Dievo meil s laiškas, kupinas palaim ir pažad

Biblija buvo užrašyta Dvasios pripildytų Dievo tarnų, kad atskleistų patį Dievą. Jūs turite tikėti tuo, kad tai yra ištikimo Dievo, apreiškiančio Save, Žodis.

Dievo Žodis yra dvasia ir gyvenimas (Jono 6:63), taigi, visi, kas jo klausys ir tikės juo, gaus amžinąjį gyvenimą ir jo siela turės gyvybės apsčiai. Kas tikės ir paklus Dievo Žodžiui, tas mėgausis klestinčiu gyvenimu ir bus tobulas Dievo žmogus pagal Jėzaus Kristaus pavyzdį.

Dievas kūne nužengė į žemę, kad parodytų Save žmonijai, o tas kūnas buvo Jėzus. Pilypas, Jėzaus mokinys, nematė to ir pareikalavo, kad Jėzus parodytų jam Dievą. Jis nesuprato, kad Jėzus buvo įkūnytas Dievas, kaip sakoma patarlėje: „Po švyturiu visada tamsu."

Jono 14:8 ir žemiau esančios eilutės atkuria mums Pilypo ir Jėzaus pokalbį:

> *Pilypas Jam sako: „Viešpatie, parodyk mums Tėvą, ir bus mums gana." Jėzus jam taria: „Jau tiek laiko esu su jumis, ir tu, Pilypai, vis dar manęs nepažįsti? Kas matė mane, matė Tėvą! Tad kaip gali sakyti: ,Parodyk mums Tėvą?' Nejaugi tu netiki, kad Aš esu Tėve ir Tėvas manyje? Žodžius, kuriuos jums kalbu, ne iš savęs kalbu; Tėvas, esantis manyje – Jis daro darbus." (Jono 14:8-10).*

Nors Jėzus, darydamas tuos stebuklus, kurių nebūtų įmanoma padaryti be Dievo jėgos, įtikinamai įrodė, kad Jis ir Dievas yra viena, Pilypas norėjo, kad Jėzus parodytų jam Tėvą. Jėzus pasakė jam tikėti Jo mokymais, kuriuos lydi akivaizdūs stebuklai.

Dievas kūne atėjo į šį pasaulį, kad parodytų Save, ir Dievas pasirūpino, kad Biblija būtų parašyta, nes natūraliai žmonėms yra neįmanoma Jo pamatyti žmogiškomis akimis.

Taigi, kai jūs per Bibliją pasieksite nuostabų bendravimą su gyvu Dievu, žinosite Jo valią ir planą, bei laikysitės Jo Žodžio, jūs galėsite gauti palaiminimus ir atsakymus, kuriuos Dievas pažadėjo Biblijoje.

Kiekvienas Biblijos Žodis yra Tiesa

Istoriniai įrašai suteikia mums žinių apie praeityje tam tikru laiku gyvenusius žmones ar vykusius įvykius. Istorija yra laikų kaitos ataskaita. Ji leidžia mums detaliai sužinoti apie įvairius dalykus, žmones, gyvenimo aplinkybes arba tuos laikus.

Žmonijos istorijos yra įrodyta, kad Biblija yra tiesa. Norom nenorom matome, kad Biblija yra istoriškai pagrįsta ir realistinė, ypač, kai įdėmiau pažvelgiame į Biblijoje aprašytus įvykius, žmones, vietas arba papročius.

Kadangi Senasis Testamentas buvo parašytas, remiantis bešališkais faktais, tokiais, kaip daugiau ar mažiau reikšmingi dalykai, atsitikę asmeniniame, kelių žmonių ar jų grupių lygyje nuo pat Adomo ir Ievos laikų, Senasis Testamentas iki pat šių dienų Izraelio tautos yra laikomas šventu ir istoriniu dokumentu, bei paveldu. Net daug istorikų pripažįsta Bibliją, kaip patikimą šaltinį.

Biblijos teisingumas yra patvirtinamas istorija

Visų pirma, remdamasis Biblija, norėčiau su jumis

panagrinėti Izraelio istoriją ir įrodyti, kad Dievo Žodis Biblijoje yra tiesa.

Adomas, visų žmonių protėvis, nusidėjo prieš Dievą, todėl visi jo palikuoniai, visos žmogiškosios būtybės po jo, nuėjo nuodėmės keliu ir gyveno nepažinodami Dievo, savo Kūrėjo. Tik paskui Dievas išsirinko vieną tautą ir per ją ketino atskleisti Savo valią bei planą.

Iš pradžių Dievas pašaukė Abraomą, kuris turėjo geriausią „širdies dirvą,“ ištobulino jį ir įtvirtino jį, kaip tikėjimo tėvą. Abraomas buvo Izaoko tėvas, Izaokas buvo Jokūbo tėvas. Dievas Jokūbą pavadino „Izraeliu,“ o iš jo dvylikos sūnų kilo dvylika giminių.

Kai Jokūbas dar buvo gyvas, Dievas nusiuntė jį į Egiptą, ten jo palikuoniai sparčiai daugindamiesi virto tauta, ir galiausiai Dievas išvedė juos į Kanaano žemę.

Mozei keliaujant dykuma, Dievas davė jam Įstatymą, Jis mokino izraelitus gyventi pagal Jo Žodį ir vedė juos tik Savo Žodžiu.

Atvykę į Kanaano žemę jie buvo sėkmingi tik tada, kai laikėsi Įstatymo. Kai Izraelis garbindavo stabus ir darydavo pikta, tauta netekdavo jėgos ir kentėdavo nuo įsiveržėlių antpuolių. Izraelitai būdavo išvedami į nelaisvę arba įkalinami. Kai jie atgailaudavo, jų tauta būdavo atkuriama. Šis ciklas vėl ir vėl pasikartodavo.

Taigi, per Izraelio istoriją Dievas rodo visai žmonijai, kad Jis yra gyvas ir Jis viską valdo Savo Žodžiu.

Jūs taip pat galite pamatyti, kad Biblijos pranašystės arba jau buvo išsipildžiusios, arba yra išsipildymo procese. Pavyzdžiui, Luko 19:43-44 Jėzus paminėjo Jeruzalės žlugimą:

Tu sulauksi dienų, kai tavo priešai apjuos tave pylimu, apguls iš visų pusių ir suspaus tave; jie parblokš ant žemės tave ir tavo vaikus ir nepaliks tavyje akmens ant akmens, nes tu nepažinai savo aplankymo meto.

Šiais sakiniais Jėzus išreiškia, kaip bus sugriautas Jeruzalės miestas, kadangi jų nedorybės vis augo. Ši pranašystė išsipildė 70 mūsų eros metais, kai Romos imperijos generolas Titas ir jo žmonės apsupo ir apgulė Jeruzalę ir išžudė daugybę žmonių, buvusių už miesto sienų. Tai įvyko praėjus vos keturiasdešimčiai metų po Jėzaus pranašystės.

Mato 24:32 Jėzus tarė: „*Pasimokykite iš palyginimo su figmedžiu: kai jo šaka suminkštėja ir sprogsta lapai, jūs žinote, jog artėja vasara.*" Figmedis simbolizuoja Izraelio tautą, ir šis palyginimas rodo, kad, priartėjus Antrajam Jėzaus atėjimui, Izraelis turės nepriklausomybę. Galų gale, istorija patvirtino tai, kad Dievo Žodis tapo realybe, kai Izraelis, žlugęs 70 mūsų eros metais, praėjus 1900 metų po jo sunaikinimo, 1948 metų gegužės 14 dieną buvo stebuklingai atkurtas.

Senojo Testamento pranašyst ir jos išsipildymas Naujajame Testamente

Aš, nagrinėdamas, kaip Senojo Testamento pranašystės buvo išpildytos Naujojo Testamento laikais, liudiju, kad Dievo Žodis Biblijoje yra teisingas.

Senojo Testamento įstatymas nebuvo tobulas būdas „įgyti tikrų Dievo vaikų." Tai buvo tik Dievo rodymo šešėlis. Štai kodėl

Dievas Senajame Testamente pažadėjo, kad ateis Mesijas. Laikui atėjus, Jis į šį pasaulį siuntė Jėzų Kristų, kad ištesėtų Savo pažadą. Žinome, kad Jėzus buvo žemėje maždaug prieš 2000 metų. Vakarų istorija iš esmės yra paskirstyta į dvi dalis, atsižvelgiant į Jėzaus gimimą. „B.C." (angl. Before Christ) reiškia „prieš Kristų," tai istorija, apimanti laikus iki Kristaus laikų, o „A.D." (lot. Anno Domini) reiškia „Viešpaties metais." Net pati istorija pažymi Jėzaus gimimą.

Pirmiausia, pažvelkime į Pradžios 3:15:

> *Aš sukelsiu priešiškumą tarp tavęs ir moters, tarp tavo*
> *sėklos ir moters sėklos. Ji sutrins tau galvą, o tu gelsi jai*
> *į kulnį.*

Ši eilutė pranašauja, kad ateis Išgelbėtojas, kaip moters sėkla, ir jis sunaikins mirties valdžią. „Moteris" čia reiškia Izraelį. Iš tiesų Jėzus į žemę atėjo kaip Juozapo, priklausiusio Judo giminei Izraelyje, sūnus (Luko 1:26-32).

Izaijo 7:14 parašyta: *„Pats Viešpats duos jums ženklą. Štai mergelė taps nėščia, pagimdys sūnų ir pavadins jį Emanueliu."*

Tai reiškia, kad Dievo Sūnus bus siųstas, kad atpirktų žmonijos nuodėmes per pradėjimą Šventąja Dvasia. Iš tiesų Jėzus gimė iš Mergelės Marijos per Šventąją Dvasią (Mato 1:18-25).

Jėzaus gimimas, pagal Michėjo 5:2 pranašystę, turėjo įvykti Betliejaus rajone:

O tu, Efrata – Betliejau, nors esi mažas tarp Judo

miestų, bet iš tavęs kils Tas, kuris bus valdovu Izraelyje. Jo kilmė siekia pradžios laikus, amžinybės dienas.

Kad išsipildytų šis Žodis, Jėzus gimė Betliejuje, Judos žemėje, karaliaus Erodo laikais. Net istorija vėl tai patvirtina.

Buvo pranašautos ir tiksliai išsipildė Jėzaus gimimo laikais karaliaus Erodo įvykdytos daugybės nekaltų vaikų žudynės (Jeremijo 31:15; Mato 2:16), Jėzaus įžengimas į Jeruzalę (Zacharijo 9:9; Mato 21:1-11) ir Jėzaus pakilimas į dangų (Psalmių 16:10; Apaštalų darbų 1:9).

Be to, išsipildė ir šios pranašystės: Judo Iskarijoto, tris metus sekusio Jėzumi, išdavystė (Psalmių 41:9), ir tai, kad jis išduos Jėzų už trisdešimt sidabrinių (Zacharijo 11:12).

Taigi, galite patikėti, kad Biblija tikrai yra Dievo Žodis, ypač, kai matote, kad visos Senojo Testamento pranašystės buvo tiksliai išpildytos.

Biblijos pranašyst s, kurios dar turi išsipildyti

Dievas siuntė mūsų Išgelbėtoją Jėzų Kristų, taip išpildydamas visas Senojo Testamento pranašystes Naujojo Testamento laikais. Viskas, kas liečia pranašystes apie Jėzų, Izraelio istorijos tėkmę bei žmonijos istoriją, išsipildė be mažiausios klaidelės. Įdėmus pasaulio istorijos nagrinėjimas veda prie to, kad visi pranašysčių žodžiai Biblijoje jau išsipildė ir dar bus išpildyti.

Tiek Senojo Testamento, tiek Naujojo Testamento pranašai pranašavo apie pasaulio galingųjų valstybių iškilimą ir žlugimą, Jeruzalės sugriovimą ir atstatymą, ir svarbių asmenybių veiksmus ateityje. Daugelis Biblijos pranašysčių jau buvo išpildytos ir yra išsipildymo procese, ir vis tik žmonės dar pamatys Antrąjį Jėzaus atėjimą, Paėmimą, Mileniumo karalystę ir Didįjį Teismą prie Baltojo Sosto. Dabar mūsų Viešpats ruošia jums buveines, kaip Jis ir žadėjo (Jono 14:2), ir greitai Jis paims jus į amžinybę.

Šiuo metu mūsų pasaulis įvairiose vietose kenčia nuo bado, žemės drebėjimų, nenormalaus klimato ir kolosalių katastrofų. Jūs neturėtumėte į tai žiūrėti, kaip į sutapimą, bet verčiau supraskite, kad artinasi Jėzaus antrasis atėjimas (Mato24:3-14). Budėdami ir puošdamiesi kaip nuotaka, siekite pilno išgelbėjimo.

2 Skyrius

DIEVAS SUKURIA ŽMOGŲ IR JĮ UGDO

- Dievas sukuria žmogiškąsias būtybes
- Kodėl Dievas ugdo žmogiškąsias būtybes?
- Dievas atskiria kviečius nuo pelų

Ir Dievas sutvėrė žmogų pagal savo atvaizdą; pagal Dievo atvaizdą sutvėrė Jis jį; vyrą ir moterį sutvėrė Jis. Dievas juos palaimino ir tarė: „Būkite vaisingi ir dauginkitės, pripildykite žemę ir užvaldykite ją, viešpataukite jūros žuvims, padangių paukščiams ir kiekvienam gyvam padarui, kuris kruta ant žemės!"

Pradžios 1:27-28

Bent vieną kartą gyvenime kiekvienas žmogus tikriausiai sau užduoda esminius klausimus apie gyvenimo ištakas, paskirtį, tikslą ir prasmę. Tuomet ieško į juos atsakymų. Daugelis žmonių išmėgina įvairius metodus, kad išspręstų šias problemas, bet taip ir miršta negavę tikrų atsakymų.

Žymiausi pasaulio išminčiai, tokie, kaip Konfucijus, Buda ar Sokratas taip pat iš visų jėgų stengėsi rasti atsakymus į šiuos klausimus. Konfucijus pagrindinį dėmesį skyrė moralei, tobula dorybė buvo laikoma etikos idealu, jis turėjo daug pasekėjų. Buda daug atgailavo, kad būtų išlaisvintas nuo žemiškos egzistencijos. Sokratas savais būdais ieškojo tiesos ir siekė turėti tikrąjį pažinimą.

Tačiau nei vienas iš jų negalėjo rasti ilgalaikio principinio sprendimo ir tikros tiesos, arba gauti amžinojo gyvenimo. To priežastis yra ta, kad tiesa, kuri buvo paslėpta dar prieš pasaulio sukūrimą, yra kažkas dvasiško, nematomo ir neapčiuopiamo. Neįmanoma rasti atsakymų į gyvenimo klausimus tol, kol nesuprasite Dievo Kūrėjo žmogaus ugdymo plano.

Dievas sukuria žmogiškąsias būtybes

Paslaptingas žmogaus organų, ląstelių ir audinių

formavimasis yra nesuvokiamas. Dievas, sukūręs žmogų tokiu būdu, nori turėti tikrų vaikų, kuriems Jis per amžius galėtų skleisti savo meilę. Šiuo tikslu Dievas ir sukūrė žmogų pagal Savo atvaizdą ir panašumą, ugdo jį ir paruošė dangų. Na o kaip gi Dievas sukūrė viską visatoje ir sutvėrė žmogų?

Dievo k rimo procesas, truk s šešias dienas

Pradžios 1 yra puikiai aprašytas procesas, kuriame Dievas per šešias dienas sukūrė dangus ir žemę. Dievas tarė: „*Teatsiranda šviesa!*", ir atsirado šviesa (Pradžios 1:3). Toliau Jis tarė: „*Tesusirenka vandenys, kurie yra po dangumi, į vieną vietą ir tepasirodo sausuma!*" ir žinome, kad taip įvyko (Pradžios 1:9). Ir taip vyko toliau.

Kaip yra parašyta Žydams 11:3: „*Tikėjimu suvokiame, kad pasauliai buvo sutverti Dievo žodžiu, būtent iš neregimybės atsirado regima,*" Dievas sukūrė visą visatą Savo Žodžiu.

Pirmą dieną Dievas sukūrė šviesą, o antrą dieną - dangaus erdvę. Trečią dieną, kai Jis tarė: „*Tesusirenka vandenys, kurie yra po dangumi, į vieną vietą ir tepasirodo sausuma*" (9 eil.), taip įvyko, ir Dievas pavadino sausumą žeme, o vandenų susirinkimą – jūromis. Paskui Dievas tarė: „*Tegul žemė išaugina žolę, augalus, duodančius sėklą, ir vaismedžius, nešančius vaisių pagal jų rūšį, kuriuose yra jų sėkla!*" (11 eil.), žemė išaugino žolę, augalus, duodančius savo rūšies sėklą, medžius, nešančius vaisius, kuriuose yra jų rūšies sėkla. Ketvirtą dieną Jis dangaus erdvėje sukūrė saulę, mėnulį ir žvaigždes, saulei pavedė valdyti dieną, o mėnuliui naktį. Penktą dieną Jis sukūrė jūros gyvius, bei visokius vandenyje knibždančius, gyvenančius ir judančius padarus pagal jų rūšį, bei visokius sparnuotus paukščius pagal jų rūšį. Šeštą dieną Jis sukūrė galvijus, žeme judančius padarus bei laukinius gyvūnus, visus pagal jų rūšį.

Žmogus sukurtas pagal Dievo atvaizd

Per šešias dienas Dievas Kūrėjas paruošė žmogui gyventi tinkamą aplinką, o paskui sutvėrė žmogų pagal Savo atvaizdą. Jis palaimino žmogų visos kūrinijos valdovu ir liepė jam juos valdyti.

Ir Dievas sutvėrė žmogų pagal savo atvaizdą; pagal Dievo atvaizdą sutvėrė Jis jį; vyrą ir moterį sutvėrė Jis. Dievas juos palaimino ir tarė: „Būkite vaisingi ir dauginkitės, pripildykite žemę ir užvaldykite ją, viešpataukite jūros žuvims, padangių paukščiams ir kiekvienam gyvam padarui, kuris kruta ant žemės! (Pradžios 1:27-28).

Kaip gi Dievas suformavo žmogų?

Ir Viešpats Dievas padarė žmogų iš žemės dulkių ir įkvėpė į jo šnerves gyvybės kvapą. Taip žmogus tapo gyva siela. (Pradžios 2:7).

Šioje eilutėje dulkės reiškia molį. Įgudęs puodžius, naudodamas kokybišką molį, padaro brangių seladono ar baltojo porceliano dirbinių. Kiti atvirkščiai daro neglazūruotus keramikos dirbinius, stogų čerpes arba plytas.

Molinių indų kaina iš esmės priklauso nuo to, kas tą indą nulipdė, kaip nagingai jis buvo padarytas, kokios rūšies molis buvo panaudotas ir kokios rūšies yra toji keramika. Kai Visagalis Dievas Kūrėjas suformavo žmogų pagal Savo atvaizdą, kaip nuostabiai Jis tai padarė?

Po to, kai iš dulkių buvo sutvertas žmogus pagal Jo atvaizdą, Dievas įkvėpė į jo šnerves gyvybės kvapą, tai yra, gyvybės energiją. Tuomet žmogus tapo gyva siela. Gyvybės kvapas yra jėga, galia, energija ir Dievo dvasia.

Dievas kvepia žmogui gyvyb s kvap

Žmogaus, kaip gyvosios dvasios, kūrimo procesas gali būti aiškiau suprantamas per dienos šviesos lempos funkcionavimo pavyzdį. Norėdami įjungti dienos šviesos lempą, visų pirmą, turite paruošti pagamintą lempą ir įjungti ją į tinklą. Tačiau ji negalės skleisti šviesos, kol nebus įjungta elektros srovė.

Jūsų namuose esantis televizorius veikia tokiu pačiu būdu. Kol neįjungėte jo, jūs negalite nieko pamatyti ekrane, bet kai tik įjungiate, jūs galite išgirsti ir pamatyti įvairius garsus ir vaizdus. Vaizdai ekrane gali atsirasti tiesiog įjungus televizorių. Tačiau šio prietaiso viduje yra tarpusavyje sudėtingais būdais sujungti įmantrūs mechanizmai.

Panašiai ir Dievas iš žemės dulkių suformavo ne tik žmogaus išorę, bet ir vidaus organus bei kaulus. Jis sukūrė venas, per kurias gali tekėti kraujas, ir nervų sistemą, kuri tobulai atliktų savo funkciją. Dievo jėga dulkes gali paversti švelnia oda, jeigu (ar kada) Jis to nori. Lygiai taip, kaip paleidžiant elektros srovę, Jis įkvėpė žmogui gyvybės kvapą. Tuokart jame nedelsiant pradėjo cirkuliuoti kraujas, jis ėmė kvėpuoti ir judėti.

Kadangi Dievas atminties taškus patalpino žmogaus smegenų ląstelėse, žmonės įsidėmi ir atsimena tai, ką jie girdi ir jaučia smegenų ląstelėse. Kas įsidėmėta ir įsiminta, tampa žiniomis, o žinios virsta mintimis. Kai kalbame apie gyvenime prikauptas žinias, vadiname tai išmintimi.

Nors žmogiškosios būtybės yra tik kūriniai, jie puoselėjo savo žinias ir pažinimą, bei išvystė ir išplėtojo mokslo civilizaciją. Taigi, jie tyrinėja visatą ir gamina kompiuterius, įveda į juos masinę informaciją ir ją atkartoja, ir taip gauna didžiulę naudą iš kompiuterių, kaip ir Dievas sukūrė atminties taškus smegenų ląstelėse. Jie žengė taip toli, kad pagamino dirbtinio intelekto kompiuterius, galinčius atpažinti laiškus arba žmogaus balsą, ir gali bendrauti su kitais. Ir, laikui bėgant, jie vis labiau tobulės.

Visagaliui Dievui Kūrėjui tikriausiai buvo žymiai lengviau iš žemės dulkių suformuoti žmogų ir įkvėpti jam gyvybės kvapą, kad jis taptų gyva būtybe. Dievui yra taip lengva kažką padaryti iš nieko, bet žmogui tai kelia tokią nuostabą ir yra jam nesuvokiama (Psalmių 139:13-14).

Kodėl Dievas ugdo žmogiškas būtybes?

Jėzus rodo mums Dievo planą per daugybę palyginimų.

Kadangi dvasinė sfera negali būti pažinta žmogiškomis žiniomis, palyginimuose Jis naudojo žemiškus objektus, kad mes galėtume tai suprasti. Čia daug kur kalba eina apie ugdymą. Pavyzdžiui, palyginimas apie sėjėją (Mato 13:3-23; Morkaus 4:3-20; Luko 8:4-15), palyginimas apie garstyčios grūdą (Mato 13:31-32; Morkaus 4:30-32; Luko 13:18-19), palyginimas apie rauges (Mato13:24-30, 36-43), palyginimas apie vynuogyną (Mato 20:1-16) ir palyginimas apie vynininkus (Mato 21:33-41; Morkaus 12:1-9; Luko 20:9-16).

Šie palyginimai rodo mums, kad, kaip ūkininkas išdirba lauką, sėja sėklas, augina jas ir gauna derlių, Dievas žemėje suformuoja ir ugdo žmones, ir atskirs kviečius nuo pelų.

Dievas nori dalintis meile su Savo vaikais

Dieve yra ne tik dieviškumas, bet ir žmogiškumas. Dieviškumas – tai Paties visagalio ir visažinio Dievo Kūrėjo jėga, o žmogiškumas – tai žmogiškas protas. Taigi, Dievas sukūrė ir valdo visą visatą, žmonijos istoriją ir gyvenimus. Jis taip pat gali jausti džiaugsmą, rūstybę, gailestį ir malonumą, bei nori Savo vaikams skleisti meilę.

Biblijoje mes tiek daug kartų matome, kad Dievo asmenybė yra panaši į žmogiškųjų būtybių. Dievas džiaugiasi ir laimina žmones, kai jie, sutverti pagal Dievo atvaizdą, elgiasi teisingai, bet Jis sielojasi ir kenčia rūstybėje, kai jie daro nuodėmes. Dievo Žodyje dažnai išreiškiamas Dievo troškimas bendrauti su Savo vaikais ir duoti jiems visą ką geriausio.

Jeigu Dievas turėtų tik dieviškus bruožus, Jam nereikėtų ilsėtis po šešių dienų visatos sukūrimo, Jis nenorėtų bendrauti su mumis ir nepasakytų: *„Be paliovos melskitės!"* (1 Tesalonikiečiams 5:17), *„Šaukis manęs, tai išklausysiu tave ir parodysiu tau didelių bei nesuvokiamų dalykų, apie kuriuos nieko nežinai"* (Jeremijo 33:3).

Kartais mes norime būti vieni, bet kartais mes esame laimingesni panašiai mąstančio žmogaus, reiškiančio mums meilę, draugijoje. Panašiai ir Dievas sutvėrė žmogų pagal Savo atvaizdą, nes Jis norėjo dalintis su kažkuo meile. Jis puoselėja žmogiškąsias dvasias šioje žemėje, nes Jis nori turėti tikrų vaikų, kurie galėtų suprasti Jo širdį ir nuoširdžiai Jį mylėtų.

Dievas nori paklusnumo iš laisvos valios

Kai kas gali susimąstyti: kodėl Dievas sukūrė ir ugdo žmogiškąsias būtybes, nors danguje yra tiek daug paklusnių angelų ir dangiškųjų pulkų? Tačiau daugelis angelų neturi žmonėms būdingų charakteristikų, kurių dėka galima reikšti ir priimti meilę. Kitaip tariant, jie neturi laisvos valios, kad galėtų patys rinktis. Jie paklūsta paliepimams tartum robotai, bet jie negali jausti džiaugsmo, rūstybės, gailesčio ar malonumo taip, kaip gali žmonės. Todėl jie negali dalintis su Dievu meile iš savo širdies gelmių.

Pavyzdžiui, sakykime, kad jūs turite du vaikus. Vienas iš jų tik pildo jūsų paliepimus, nereikšdamas jokių emocijų, nuomonės arba meilės, kaip gerai užprogramuotas robotas. Kitas kartais įžeidžia jūsų jausmus, tačiau greitai gailisi dėl savo poelgių, švelniai prie jūsų prisiglaudžia ir įvairiais būdais išreiškia jums tai, kas jo širdyje. Tuomet kurį jūs labiau mylėtumėte? Aišku, antrąjį. Tarkime, kad pas jus yra robotas, kuris gamina valgį, tvarko namus ir jums tarnauja. Net jei ir būtų taip, jūs juk nemylėtumėte roboto labiau už savo vaikus. Nesvarbu, kokius sunkius darbus robotas beatliktų ir koks naudingas jis jums bebūtų, jis vis tiek neužimtų jūsų vaikų vietos.

Panašiai ir Dievui labiau patinka žmogiškosios būtybės, kurios su džiaugsmu sąmoningai Jam paklūsta savo laisva valia ir jausmais, negu angelai ir dangiškosios būtybės, kurios elgiasi, kaip paklusnumui užprogramuoti robotai. Jis žmonėms duoda laisvą valią ir Savo Žodį. Paskui Jis moko juos, kas yra gėris ir blogis, ir koks yra išgelbėjimo arba mirties kelias. Jis kantriai laukia, kol jie taps tikrais vaikais.

Dievas ugdo žmoniją, jausdamas tvišk prieraišumą

Pradžios 6:5-6 yra parašyta: „*Viešpats, matydamas, kad žmonių nedorybės žemėje buvo didelės ir jų širdies siekiai buvo vien tik pikti, gailėjosi, kad Jis žemėje sutvėrė žmogų, ir sielojosi savo širdyje.*"

Argi tai reiškia, kad Dievas nežinojo to, kai kūrė žmogų? Jis tikrai žinojo apie tai. Dievas yra visažinis ir visagalis, todėl turėjo viską žinoti dar prieš laiko pradžią. Nepaisant to, Jis sukūrė žmones ir juos ugdė.

Jei jūs turite vaikų, tikriausiai tai labai gerai suprasite. Kaip sunku yra pagimdyti ir auginti vaikus! Moters nėštumo laikotarpiu ją devynis mėnesius kamuoja daugybė įvairių skausmų, pavyzdžiui pykinimas. Gimdymo metu moteris yra apimta didžiulio skausmo. Tėvai iš visų jėgų stengiasi ir sunkiai dirba kas dieną ir naktį, kad išmaitintų, aprengtų ir mokytų vaikus. Kai vaikai ilgai negrįžta namo, jų tėvai nerimauja dėl jų. Kai vaikai serga, jų tėvai jaučia dar didesnį skausmą, negu patys vaikai.

Kodėl nepaisant tokio skausmo ir pastangų tėvai vis tiek augina vaikus? Todėl, kad tėvai nori turėti kažką, su kuo jie galėtų dalintis meile, o būtent, kas galėtų jausti tėvų meilę ir juos nuoširdžiai mylėti. Tėvams net tokie skausmai yra laimė. Be to, jei vaikai labai panašūs į savo tėvus, kaip tai miela! Aišku, ne visi vaikai gali būti paklusnūs savo tėvams. Kai kurie vaikai myli ir gerbia savo tėvus, bet kai kurie juos liūdina.

Taip pat ir tėvai, nors ir žino visą vargą, augindami vaikus, nelaiko tokių dalykų skausmais. Vietoj to, jie iš visų jėgų stengiasi, tikėdamiesi, kad jų vaikai augs gerai ir bus jų džiaugsmu. Dievas taipogi žinojo, kad žmonės ims Jo neklausyti, taps sugedę ir kels Jam sielvartą, tačiau Jis taip pat žinojo, kad bus ir tikrų vaikų, kurie su Juo dalinsis meile. Taigi, Jis sukūrė žmones ir noriai juos ugdė.

Dievas nori, kad Jo tikri vaikai Jį garbint

Dievas puoselėja žmogiškąsias dvasias žemėje ne tik dėl to, kad turėtų tikrų vaikų, bet ir dėl to, kad nori būti per juos pašlovintas. Dievas visuomet gali gauti apsčiai garbės iš daugybės angelų ir dangiškųjų būtybių. Tačiau tikrasis Jo troškimas yra tas, kad Jo ugdomi tikri vaikai garbintų Jį visa širdimi.

Izaijo 43:7 Dievas sako: *„Kiekvieną, kuris vadinasi mano vardu, Aš sukūriau savo šlovei, Aš sutvėriau ir padariau jį,"* o 1 Korintiečiams 10:31 Jis moko mus: *„Todėl ar valgote, ar geriate, ar šiaip ką darote, visa darykite Dievo šlovei."* Dievas yra Kūrėjas, Meilė ir Teisingumas. Jis davė mums vieną ir vienintelį Savo Sūnų, paruošė mums dangų ir amžinąjį gyvenimą. Jis yra daugiau negu vertas garbės. Be to, Jis nori grąžinti garbę tiems, kurie duoda ją Jam.

Taigi, suprasdami, kodėl Dievas nori būti pagarbintas per Savo dvasiškai išugdytus vaikus, jūs turėtumėte tapti tikrais Dievo vaikais, galinčiais dalintis su Juo meile per amžius.

Dievas atskiria kviečius nuo pelų

Ūkininkai įdirba žemę, nes tikisi gauti gausų derlių. Dievas taip pat ugdo žmogiškąsias dvasias žemėje, kad įgytų tikrų vaikų, kurie ne tik garbintų ir mylėtų Jį iš visos širdies, bet ir amžinai galėtų dalintis su Juo meile danguje.

Derliaus nuėmimo metu visuomet yra ir kviečių ir pelų, todėl ūkininkai atskiria kviečius nuo pelų, surenka kviečius į klėčius, o pelus sudegina ugnimi. Tokiu pat būdu Dievas žmogiškųjų dvasių ugdymo pabaigoje atskirs kviečius nuo pelų:

Jo rankoje vėtyklė, ir Jis kruopščiai išvalys savo kluoną. Kviečius surinks į klėtį, o pelus sudegins neužgesinama ugnimi. (Mato 3:12).
Taigi, jūs turite tvirtai tikėti, kad Dievas žemėje ugdo

žmogiškąsias dvasias ir Savo laiku jis paims kviečius – tikruosius vaikus – į dangų amžinajam gyvenimui, o pelus sudegins neužgesinama pragaro ugnimi.

Todėl įsigilinkime labiau į tai, kokie žmonės Dievo akyse yra kviečiai, o kokie - pelai, ir koks yra dangus, bei koks yra pragaras.

Kvie iai ir pelai

Kviečiai simbolizuoja tuos, kurie priima Jėzų Kristų, vaikšto tiesoje ir dalinasi meile su Dievu. Tokie yra šviesos vaikai, kurie vėl įgauna prarastą Dievo panašumą ir daro viską, ką Dievas liepia.

Pelai, atvirkščiai, simbolizuoja tuos, kurie nepriima Jėzaus Kristaus arba tuos, kurie skelbiasi tikį, tačiau negyvena pagal Dievo Žodį, o pildo tik savo pačių piktus norus.

1 Timotiejui 2:4 Dievas yra apibūdinamas kaip tas, *„kuris trokšta, kad visi žmonės būtų išgelbėti ir pasiektų tiesos pažinimą.“* Taigi, Dievas nori, kad visi žmonės taptų kviečiais ir įeitų į dangiškąją karalystę. Dievas visais būdais stengiasi, kad jūs tai suvoktumėte, ir veda jus į išgelbėjimo kelią. Tačiau kai kurie žmonės savo laisvosios valios pasirinkimu galiausiai peržengia Dievo valią bei planą. Tokie žmonės Dievo akyse nė kuo ne geresni už žvėris, kadangi jie prarado žmogiškąsias vertybes.

Ūkininkai sudegina pelus ugnimi arba naudoja jas trąšoms, juk, surinkus kartu kviečius ir pelus į klėtį, kviečiai supūva. Todėl Dievas neleis pelų į dangaus karalystę, kur bus kviečiai. Skirtingai nei gyvūnai, žmogus turi amžiną dvasią, nes Dievas, kuomet jį sukūrė, įkvėpė jam gyvybės kvapą. Taigi, Dievas negali sunaikinti kviečių arba paversti juos niekuo.

Kviečiai būtinai pateks į dangų ir džiaugsis amžinuoju gyvenimu, o pelai neišvengiamai per amžių amžius degs negęstančioje pragaro ugnyje. Štai, atminkite tai visam laikui, kad nebūtumėte išmesti į pragaro ugnį.

Nuostabus dangus ir siaubingas pragaras

Iš vienos pusės, dangus yra pernelyg gražus, kad būtų palygintas su kažkuo žemėje. Pavyzdžiui, gėlės šiame pasaulyje greitai suvysta, tačiau gėlės danguje niekuomet nevysta ir jų žiedlapiai nenukrenta, nes danguje viskas yra amžina. Gatvės padarytos iš gryno aukso, tokio švaraus, kaip stiklas, ten teka Gyvenimo vandens upė, tvaskanti tarsi krištolas, o namai padaryti iš įvairių rūšių briliantų. Viskas yra neapsakomai gražu (plačiau skaitykite knygoje *Dangus* – 1 ir 2 dalyse).

Kita vertus, pragaras yra vieta, kur kirminai nemiršta ir ugnis negęsta. Kiekvienas ten bus pasūdytas ugnimi (Morkaus 9:48-49). Be to, pragare yra degančios sieros ežeras, kuris yra septynis kartus karštesnis, negu ugnies ežeras (Apreiškimų 20:10, 15). Neišgelbėti žmonės turės gyventi negęstančios ugnies ežere arba degančios sieros ežere per amžius. Kaip siaubinga ir baisu bus amžinai ten gyventi (skaitykite knygoje *Pragaras*)!

Todėl Morkaus 9:43 Jėzus pasakė:

Jei tavo ranka traukia tave nusidėti, – nukirsk ją! Tau

geriau sužalotam įeiti į amžinąjį gyvenimą, negu su
abiem rankom patekti į pragarą, į negęstančią ugnį.

Kodėl meilės Dievas turėjo sutverti tas abi vietas, ir siaubingąjį pragarą, ir nuostabųjį dangų? Jei pikti žmonės bus įleisti į tą vietą, kur gyvens gerieji ir Dievo mylimieji, tai teiks skausmo geriems žmonėms, ir dangus bus užterštas blogiu. Trumpai tariant, Dievas sukūrė pragarą, nes myli žmones ir nori Savo vaikams duoti viską geriausio.

Didžiojo baltojo sosto teismas

Panašiai, kaip ūkininkas, kuris kasmet sėja sėklas ir gauna derlių, Dievas ugdo žmonių dvasias nuo Adomo išvarymo iš Edeno sodo laikų ir darys tai iki sugrįžtant Jėzui. Dievas rodė Savo valią tikėjimo protėviams, pavyzdžiui, Nojui, Abraomui, Mozei, Petrui ir apaštalui Pauliui. Šiandien Jis tęsia žmonių dvasių ugdymą per Savo tarnautojus ir darbuotojus. Tačiau, kaip po pradžios neišvengiamai ateina pabaiga, taip ir žmogiškųjų dvasių ugdymas amžinai nesitęs.

2 Petro 3:8 parašyta: *„Tačiau, mylimieji, vienas dalykas neturi likti jūsų nepastebėtas: viena diena pas Viešpatį yra kaip tūkstantis metų, ir tūkstantis metų – kaip viena diena.“* Kaip Dievas, po šešių dienų visatos kūrimo darbo, septintą dieną ilsėjosi, Jėzus sugrįš ir, praėjus šešiems tūkstančiams metų po Adomo nepaklusimo, prasidės sabato periodas – Mileniumas. Po to, per Didžiojo baltojo sosto teismą Dievas leis kviečiams

įžengti į dangų, o pelai bus išmesti į pragaro ugnį.

Taigi, aš meldžiu Viešpaties Jėzaus Kristaus vardu, kad giliai suprastume Dievo planą bei žmonijos ugdymą meilėje, gyventume palaimintai ir, kupini dangaus vilties aistros, šlovintume Dievą.

3 Skyrius

GĖRIO IR BLOGIO PAŽINIMO MEDIS

- Adomas ir Ieva Edeno sode
- Adomas nepakluso savo laisvosios
  valios pasirinkimu
- Atpildas už nuodėmę – mirtis
- Kodėl Dievas sukūrė gėrio
  ir blogio pažinimo medį Edeno sode?

Ir paėmė Viešpats Dievas žmogų ir apgyvendino jį Edeno sode, kad žmogus jį įdirbtų ir prižiūrėtų. Viešpats Dievas įsakė žmogui: „Nuo kiekvieno sodo medžio tau leista valgyti, bet nuo medžio pažinimo gero ir blogo nevalgyk, nes tą dieną, kurią valgysi jo vaisių, tikrai mirsi."

Pradžios 2:15-17

Žmonės, kurie nežino Dievo Kūrėjo didžios meilės ir Jo gilaus bei išmintingo Savo tikrų vaikų ugdymo plano, galėtų paklausti: „Kodėl Dievas Edeno sode patalpino gėrio ir blogio pažinimo medį?" „Kodėl Jis leido pirmajam žmogui eiti žlugimo keliu?" Jie mano, kad, jei Dievas nebūtų Edeno sode patalpinęs gėrio ir blogio pažinimo medžio, žmogus ten amžinai gyventų laimingai ir nemirtų.

Kai kurie netgi sako tokius dalykus, kad „Dievas iš anksto net nežinojo, jog Adomas valgys gėrio ir blogio pažinimo medžio vaisių," nes netiki Dievą esantį visažinį ir visagalį. Argi Jis patalpino tą medį Edeno sode nežinodamas, kad Adomas vėliau Jo nepaklausys? Ar Dievas specialiai išaugino ten tą medį, kad pražudytų žmogų? Aišku ne!

Tad kodėl gi Dievas Edeno sodo viduryje patalpino gėrio ir blogio pažinimo medį? Kodėl Adomas nepakluso Dievo paliepimui ir žengė į mirties kelią?

Adomas ir Ieva Edeno sode

Dievas sukūrė žmogų iš žemės dulkių, Jis įkvėpė į jo šnerves gyvybės kvapą, ir taip žmogus tapo gyva siela (Pradžios 2:7). Gyva siela – tai dvasinė būtybė, kuri, vos sukurta, neturi jokio pažinimo. Paimkime paprastą pavyzdį. Naujagimis kūdikis neturi nei išminties, nei pažinimo. Kūdikio smegenyse yra atminties sistema, tačiau jis niekuomet nieko nematė, negirdėjo ir nebuvo nieko išmokytas. Todėl kūdikis gali elgtis tik instinktyviai.

Lygiai taip pat ir Adomas, kuomet iš pradžių tapo gyva siela, jis neturėjo dvasinės išminties arba pažinimo.

Adomas iš Dievo pasis m gyvenimo žini

Dievas rytuose, Edene, išaugino sodą ir patalpino jame Adomą. Dievas perdavė Adomui gyvenimo žinias ir tiesą „akis į akį," vaikščiodavo kartu su juo, kad Adomas išmoktų valdyti ir kontroliuoti Edeno sodą.

Pradžios 2:19 parašyta: „*Viešpats Dievas, padaręs iš žemės visus žvėris bei padangių paukščius, juos atvedė prie Adomo, kad matytų, kaip jis juos pavadins; kaip Adomas pavadino kiekvieną gyvą padarą, toks ir yra jo vardas.*" Adomas turi pakankamai gyvenimo žinių, kad galėtų valdyti viską.

Taip pat Dievas matė, kad Adomui nėra gerai būti vienam. Taigi, Dievas giliai užmigdė Adomą, kad padarytų jam tinkamą padėjėją. Kol vyras miegojo, Dievas paėmė vieną iš jo šonkaulių ir tą vietą užpildė kūnu. Tuomet iš to šonkaulio, paimto iš vyro, Jis sukūrė moterį ir atvedė ją pas jį. Dievas sujungė vyrą su jo žmona, ir jie tapo vienu kūnu (Pradžios 2:20-22).

Tai įvyko ne dėl to, kad pats Adomas jautėsi vienišas, bet dėl to, kad Dievas, prieš laiko pradžią ilgai buvęs vienas, žinojo, kas yra vienatvė. Dievas, iš Savo didžios meilės ir malonės padarė Adomui pagalbininkę ir, iš anksto žinodamas Adomo padėtį, palaimino vyrą su žmona, kad jie būtų vaisingi ir dauginptųsi bei pripildytų žemę.

Ilgas Adomo gyvenimas Edeno sode

Štai, kiek laiko Adomas ir Ieva gyveno Edeno sode? Biblijoje to detaliai nėra aprašyta, tačiau jūs turite žinoti, kad jie ten gyveno žymiai ilgiau, nei dauguma žmonių mano. Visi tie faktai Biblijoje apsakomi vos keliomis eilutėmis. Todėl daugelis žmonių mano, kad netrukus po to, kai Dievas patalpino Adomą Edeno sode, jis suvalgė uždraustojo vaisiaus ir buvo išvarytas. Kai kas gali paklausti: „Biblijoje sakoma, kad žmonijos istorija trunka šešis tūkstančius metų, bet kaip gi tuomet paaiškinti randamas kelių šimtų tūkstančių metų senumo suakmenėjusias iškasenas?"

Žmonijos istorija Biblijoje siekia 6000 metų, pradedant tais laikais, kai Adomas ir Ieva buvo išvaryti iš Edeno sodo. Ji neapima to laiko, kai jie gyveno Edeno sode. Praėjo daug metų, šioje žemėje įvyko dideli geografiniai ir geologiniai pakitimai, pavyzdžiui, žemės plutos reakcijos bei keli atsiradimo ir išnykimo ciklai. Kaip minėta 1 skyriuje, daugelis randamų iškasenų patvirtina tą faktą.

Kaip Dievas ir palaimino Adomą Pradžios 1:28, pirmasis žmogus Adomas, prieš tai, kai buvo prakeiktas, vaikščiojo su Dievu ir, per ilgo laiko tarpą, pagimdė daugybę vaikų, ir jie pripildė Edeno sodą. Kaip viešpats visko, kas buvo sukurta,

Adomas valdė ir viešpatavo visoje žemėje bei Edeno sode.

Adomas nepakluso savo laisvosios valios pasirinkimu

Dievas ir Adomui, ir Ievai davė laisvą valią, bei leido jiems mėgautis Edeno sodo pertekliumi ir džiaugsmais. Tačiau buvo vienas dalykas, kurį Dievas uždraudė. Dievas paliepė jiems nevalgyti gėrio ir blogio pažinimo medžio vaisių.

Jei Adomas būtų supratęs gilią Dievo širdį ir iš tiesų Jį mylėjęs, jis nebūtų valgęs uždraustojo vaisiaus, nes žinojo Dievo paliepimą. Tačiau jis nepakluso tam paliepimui, nes iš tiesų deramai nemylėjo Dievo.

Dievas Edeno sode patalpino gėrio ir blogio pažinimo medį ir nubrėžė griežtą įstatymą tarp žmogaus ir Dievo. Jis leido, kad žmogus savo paties laisvosios valios pasirinkimu laikytųsi įsakymo. Jis tai padarė dėl tos priežasties, nes norėjo įgyti tikrų vaikų, kurie paklustų Jam iš širdies gelmių.

Adomas nepais Dievo Žodžio

Biblijoje Dievas dažnai žada palaiminti tuos, kurie paklūsta Jo Žodžiui ir paiso Jo įstatymų (Pakartoto įstatymo 15:4-6, 28:1-14). Tačiau kas paklūsta visiems Jo įstatymams? Net Biblijoje pripažįstama, kad pasaulyje yra labai nedaug žmonių, galinčių tai padaryti.

Dievas turėjo įdiegti pirmajam žmogui Adomui, kad tol, kol

jis klausys Dievo, jis turės amžinąjį gyvenimą ir palaiminimus, bet, jei nepaklausys Dievo, užsitrauks amžiną mirtį. Dievas įspėjo jį, kad nevalgytų gėrio ir blogio pažinimo medžio vaisių. Tačiau Adomas ir Ieva nepaklausė Dievo paliepimo ir valgė uždraustą vaisių. Nuo pat pradžių šėtonas stengėsi trukdyti Dievui auginti tikrus dvasinius vaikus. Galų gale, per gyvatę, kuri buvo gudresnė už visus žemės gyvūnus, šėtonui pavyko sugundyti juos tai valgyti (Pradžios 3:1). Adomas ir Ieva nepakluso Dievo paliepimui. Kaip gi tuomet Adomas nepakluso Dievo paliepimui, nors buvo gyva siela ir buvo Dievo mokomas tik tiesos.

Pradžios 2:15 mes matoma, jog Dievas sukūrė Adomą, kad jis įdirbtų ir prižiūrėtų Edeno sodą. Adomas iš Dievo gavo jėgą ir valdžią jį valdyti ir saugoti. Dievas pavedė jam jį saugoti, kad priešas velnias ir šėtonas jo nesudarkytų. Vis dėlto šėtonui pavyko užvaldyti gyvatę ir per ją sugundyti Adomą ir Ievą. Kaip taip įvyko?

Žodžiu, šėtonas yra piktoji dvasia, turinti valdžią oro karalystėje. Šėtonas neturi formos. Efeziečiams 2:2 šėtonas yra aprašomas kaip kunigaikštis, viešpataujantis ore, dvasia, kuri dabar veikia neklusnumo vaikuose.

Kadangi šėtonas yra tarytum ore skraidančios radijo bangos, šėtonas Edeno sode sugebėjo užvaldyti gyvatę, kad sugundytų Adomą ir Ievą. Pradžios 1 skyriuje nuolat kartojasi viena frazė. Kiekvienos dienos kūrimo pabaigoje Biblijoje sakoma: „Dievas matė, kad tai buvo gerai." Antrą dieną, kai buvo sukurta erdvė, ši frazė nepasakyta.

Taip pat Efeziečiams 2:2 yra minimas laikas, kai „kadaise

gyvenote pagal šio pasaulio būdą, paklusdami kunigaikščiui, viešpataujančiam ore, dvasiai, kuri dabar veikia neklusnumo vaikuose. " Dievas iš anksto žinojo, kad piktosios dvasios turės valdžią oro karalystėje.

Ieva, gundoma gyvat s, puol

Gyvatė yra tik vienas iš lauko gyvūnų. Kaip jai pavyko sugundyti Ievą nepaklusti Dievo įsakymui?

Edeno sode žmonės galėjo bendrauti su visomis gyvomis būtybėmis: gėlėmis, medžiais, paukščiais, žvėrimis ir taip toliau. Ieva taip pat galėjo bendrauti su gyvate. Iš pradžių žmonės mylėjo gyvates ir gerai su jomis sugyveno, ne taip, kaip šiomis dienomis. Jos buvo tokios švelnios, švarios, ilgos, apvalios ir protingos, tad Ieva turėjo jas mėgti labiausiai. Jos gerai pažinojo Ievą ir stengėsi jai įtikti. Tai yra panašus atvejis, kaip ir su šunimis, kuriuos šeimininkai mėgsta labiausiai, nes jie yra protingesni ir paklusnesni už kitus gyvūnus.

Tačiau daugelis žmonių sako: „Gyvatės yra siaubingos, nuodingos ir šlykščios." Jie beveik instinktyviai nemėgsta gyvačių, nes jos buvo tos, kurios pradžioje apgavo Adomą ir Ievą, kad šie nepaklustų paliepimui, ir pastūmėjo juos į mirties kelią.

Kad suprastumėte gyvatės prigimtį, jūs turite žinoti pradinės žemės charakteristiką. Kiekviena dirva yra skirtingos sudėties bei turi skirtingas junginių proporcijas. Priklausomai nuo elementų, kuriuos suteiksime tai dirvai, ji gali tapti gera arba bloga. Kuomet Dievas sukūrė įvairius lauko žvėris, visokių rūšių paukščius, gyvenančius ore, Jis kiekvienam gyvūnui išrinko jam tinkančią dirvą (Pradžios 2:19). Pradžioje, Dievo sukurta gyvatė, nebuvo klastinga. Dievas ją sutvėrė pakankamai protingą, kad žmogus galėtų ją mylėti. Tačiau gyvatė tapo klastinga po to, kai per ją pasireiškė pikta prigimtis. Jei gyvatė nebūtų paklausiusi šėtono balso ir vykdytų tik Dievo valią, ji būtų tapusi protingu ir geru gyvūnu. Tačiau, kadangi ji paklausė ir pakluso šėtono balsui, gyvatė tapo klastingu gyvūnu, apgavusiu Ievą, kad ši pultų į mirtį.

Kadangi Ieva pakeit Dievo Žod

Gyvatė žinojo, ką Dievas buvo pasakęs Adomui: *„Nuo kiekvieno sodo medžio tau leista valgyti, bet nuo medžio pažinimo gero ir blogo nevalgyk, nes tą dieną, kurią valgysi jo vaisių, tikrai mirsi"* (Pradžios 2:16-17). Todėl gyvatė klastingai paklausė Ievos: *„Ar tikrai Dievas pasakė: ‚Nevalgykite nuo visų sodo medžių?‘"* (Pradžios 3:1).

Kaip Ieva atsakė gyvatei?

Moteris atsakė gyvatei: „Mums leista valgyti sodo medžių vaisius, išskyrus vaisius medžio, kuris yra sodo viduryje. Dievas įsakė: ‚Nevalgykite nuo jo ir nelieskite jo, kad nemirtumėte.‘" (Pradžios 3:2-3).

Dievas aiškiai įspėjo Adomą: *„Bet nuo medžio pažinimo gero ir blogo nevalgyk, nes tą dieną, kurią valgysi jo vaisių, tikrai mirsi"* (Pradžios 2:17). Jis pabrėžė, kad jie niekuomet nebebus gyvi, jei valgys nuo to medžio. Tačiau Ievos atsakymas nebuvo toks aiškus. Ji tik neaiškiai atsakė: „Jūs mirsite." Ji praleido žodį „tikrai." Kitaip tariant, jos žodžiai reiškė : „Jei jūs valgysite uždraustą vaisių, jūs galbūt mirsite, o gal ir nemirsite." Ji savo prote nesilaikė Dievo įstatymo ir kiek abejojo Dievo Žodžiu. Kai gyvatė išgirdo jos neaiškų ir dvejonės persmelktą atsakymą, ji suskubo ją labiau gundyti. Tai netgi iškraipė Dievo paliepimą. Gyvatė pasakė moteriai: „Tikrai nemirsite." Ji pradėjo keisti Dievo įstatymą ir pasakė moteriai: „*Dievas žino, kad tą dieną, kurią valgysite nuo jo, atsivers jūsų akys ir jūs tapsite kaip dievai, pažindami gera ir bloga*" (Pradžios 3:5). Ji toliau vėl ją gundė, sužadindama jos smalsumą.

Ieva nepakluso savo laisv ja valia

Po to, kai šėtonas įkvėpė moteriai nuodėmingus norus per jos neteisingas mintis, medis jai patapo kitoks, negu ji anksčiau apie jį žinojo. Pradžios 3:6: „*Kai moteris pamatė, kad medžio vaisiai yra tinkami maistui, patrauklūs akims ir, vieną suvalgius, galima įsigyti išminties, ji paėmė jo vaisių, pati valgė ir davė savo vyrui, ir jis valgė.*"

Ji visiškai ir kategoriškai turėjo nuvaryti gyvatės gundymą. Ji buvo pagauta nuodėmingo žmogaus potraukio, akių geismo ir gyvenimo išdidumo, ir tai pastūmėjo ją į nepaklusnumo nuodėmę.

Yra žmonių, kurie sako: „Argi Adomas ir Ieva valgė nuo gėrio ir blogio pažinimo medžio ne todėl, kad turėjo savo viduje nuodėmingą prigimtį?" Prieš jiems nepaklūstant, juose nebuvo nuodėmingos prigimties. Jie turėjo tik laisvą valią, kuria jie galėjo valgyti uždrausto vaisiaus, prieš Dievo įsakymą, arba jo nevalgyti. Laikui bėgant, jie nebepaisė Dievo įsakymo. Tuomet šėtonas per gyvatę juos sugundė, ir jie pasidavė sugundomi. Tokiu būdu per juos įėjo nuodėmė, ir jie pažeidė Dievo nustatytą tvarką. Panašiai, kaip vaikai, kurie auga tapdami blogesniais. Ne visada tas vaikas, kuris kalba ir elgiasi nedorai, yra piktas ar nedoras nuo pat gimimo. Iš pradžių jis mėgdžioja kitus vaikus, kurie sako keiksmažodžius arba keikiasi, nesuvokdamas tų žodžių prasmės. Gal jis ima pavyzdį iš mušeikos, ir, sumušęs kitus berniukus, mėgaujasi, žvelgdamas į jų liejamas ašaras. Taigi, jis ima nuolat mušti kitus, todėl jame gimsta ir pradeda augti blogis.

Lygiai taip pat ir Adomas ne nuo pat pradžių turėjo nuodėmingą prigimtį. Kuomet jis nepakluso Dievo įstatymui ir savo laisva valia valgė nuo to medžio, jame gimė ir įsitvirtino nuodėmė.

Atpildas už nuodėmę – mirtis

Dievas įspėjo Adomą: „Nevalgyk gėrio ir blogio pažinimo medžio vaisiaus. Kuomet nuo jo valgysi, tu tikrai mirsi," Adomas ir Ieva tikrai numirė po to, kai jie valgė nuo to medžio. Jokūbo 1:15 parašyta: *„Paskui užsimezgęs geismas pagimdo nuodėmę, o užbaigta nuodėmė gimdo mirtį."*

Romiečiams 6:23 moko mus dvasinės sferos įstatymo apie nuodėmės rezultatą: *„Atpildas už nuodėmę – mirtis."* Pažvelkime į tai, kaip po Adomo ir Ievos nusižengimo pas juos atėjo mirtis.

Į dvasi mirtis

Dievas aiškiai liepė Adomui: „Nuo medžio pažinimo gero ir blogo nevalgyk, nes tą dieną, kurią valgysi jo vaisių, tikrai mirsi." Tačiau jie iš karto nemirė, kai nepakluso Dievo paliepimui. Jie labai ilgai gyveno ir pagimdė daugiau vaikų. Taigi, kas gi buvo toji „mirtis," apie kurią kalbėjo Dievas? Jis turėjo omenyje ne jų kūnų mirtį, bet jų dvasių mirtį. Žmogus yra sutvertas taip, kad jame yra dvasia, galinti bendrauti su Dievu, siela, kuri yra jo dvasios tarnaitė, ir kūnas, kuriame gyvena dvasia ir siela. 1 Tesalonikiečiams 5:23 pasakyta, kad žmogus susideda iš dvasios, sielos ir kūno. Tačiau, kai Adomas ir Ieva nepaklausė Dievo paliepimo, mirė jų žmogaus valdovas, dvasia.

Dievas yra nepriekaištingas ir nesuterštas, ir Šventasis, gyvenantis neprieinamoje šviesoje, todėl nusidėjėliai negali būti su Juo kartu. Adomas, būdamas gyva siela, galėjo bendrauti su Dievu, tačiau to daryti nebegalėjo, kai dėl nuodėmės mirė jo dvasia.

Skausmingo gyvenimo pradžia

Edeno sodas buvo nuostabi, visa ko pertekusi vieta, kur nebuvo vargų ir rūpesčių, ir Adomas su Ieva galėjo ten amžinai gyventi, valgydami nuo gyvybės medžio. Tačiau jie buvo išvaryti iš sodo, kai nusidėjo. Nuo to laiko prasidėjo jų vargai ir sunkumai.

Moteris, gimdydama vaikus, pradėjo jausti didesnį skausmą. Ją ėmė traukti prie jos vyro, o jos vyras pradėjo jai viešpatauti. Tik visą savo gyvenimą sunkiai, skausmingai įdirbdamas prakeiktą žemę, žmogus galėjo valgyti (Pradžios 3:16-17).

Dievas pasakė Adomui Pradžios 3:18-19: *"Erškėčius ir usnis ji augins tau, ir tu valgysi lauko augalus. Valgysi prakaitu uždirbtą duoną, kol sugrįši į žemę, iš kurios esi paimtas. Esi dulkė ir dulke vėl pavirsi."* Šiomis eilutėmis Dievas nori pasakyti, kad žmogus turi vėl virsti dulkių sauja.

Kadangi visos žmonijos tėvas Adomas nepaklusdamas padarė nuodėmę ir jo dvasia numirė, visi jo palikuoniai gimsta nusidėjėliais ir žengia nuodėmės keliu.

Romiečiams 5:12 parodo Adomo mums paliktą palikimą: *"Todėl, kaip per vieną žmogų nuodėmė įėjo į pasaulį, o per nuodėmę mirtis, taip ir mirtis pasiekė visus žmones, nes visi nusidėjo."*

Visi žmonės gimsta su pirmine nuodėme

Dievas, per gyvybės sėklas, kurias davė žmogui, kai jį sukūrė, leidžia žmogui būti vaisingam ir d\daugintis. Žmogus pradedamas susijungus spermatozoidui ir kiaušinėliui, kuriuos, kaip gyvybės sėklas kiekvienam vyrui ir kiekvienai moteriai duoda Dievas. Kadangi sperma ir kiaušinėlis turi kiekvieno iš tėvų charakteristikas, vaikas, pradėtas spermos ir kiaušinėlio susijungimo, būna panašus į savo tėvus išvaizda, charakteriu, turi panašų skonį, įpročius, pomėgius, vaikščiojimo manierą, ir taip toliau.

Taip pat ir Adomo nuodėminga prigimtis persidavė visiems jo palikuoniams po to, kai visų protėvis Adomas nusidėjo. Tai vadinama „pirmine nuodėme." Adomo palikuoniai gimsta su pirmine nuodėme. Taigi, visi žmonės neišvengiamai yra nusidėjėliai.

Kai kurie netikintieji sako: „Kodėl arba kaip čia žemėje aš esu nusidėjėlis? Aš juk nepadariau nuodėmės." Kiti klausia: „Kaip gi Adomo nuodėmė galėjo persiduoti man?"

Paimkime pavyzdžiui vaiką. Pas maitinančią motiną yra nepilnai metukų vaikas. Ji maitina krūtimi kitą vaiką, matant tam jos vaikui. Labai tikėtina, kad tas vaikas nusivils ir norės nustumti tą kitą kūdikį. Jei ta motina nenustos maitinti kūdikio, arba jis nenustos čiulpti krūties, tai jos vaikas galimai stumtels arba suduos mamai, arba kitam kūdikiui. Jei motina nenustotų maitinti pienu tą kitą vaiką, tai jos pačios vaikas pratrūktų ašaromis.

Nors niekas nemokina mažo vaiko pavydo, neapykantos, gobšumo arba muštis, vaiko prote tai yra jau nuo pat gimimo. Šis faktas paliudija tai, kad žmonės gimsta su pirmine nuodėme, kurią paveldi iš savo tėvų.

Kiek daugiau kiekvienas žmogus per savo gyvenimą padaro nuodėmių? Turite suprasti, kad ne tik nuodėmingi veiksmai, bet ir bet koks blogis žmogaus mintyse, yra nuodėmė Dievo, kuris yra šviesa, akyse. Dievas jaučia ir mato blogį, kuris yra žmogaus mintyse, pavyzdžiui, neapykantą, gobšumą, pasmerkimą, ir taip toliau.

Todėl Biblija mums sako, kad, vykdydamas įstatymą, nei

vienas žmogus nebus paskelbtas teisiuoju Dievo akyse, ir visi žmonės stokoja Dievo šlovės, nes jie darė nuodėmes (Romiečiams 3:20, 23).

Prakeikta viskas, ne tik žmogus

Kuomet Adomas, buvęs visa ko valdovas, nusidėjo ir buvo prakeiktas, žemė ir visi galvijai, visi lauko žvėrys ir padangių paukščiai tapo prakeikti kartu su juo. Nuo tada atsirado kenksmingi ir nuodingi vabzdžiai, tokie kaip musės ir uodai, kurie yra įvairių ligų nešiotojai.

Žemėje ėmė augti erškėčiai ir usnys, ir žmogus, tik savo sunkaus darbo ir prakaito dėka, galėjo valgyti augalus. Žmogus buvo priverstas pažinti, kas yra ašaros, liūdesys, skausmas, ligos, mirtis ir visa kita, nes jie gyveno ant prakeiktos žemės.

Taigi, Romiečiams 8:20-22 parašyta: *„Mat kūrinija buvo pajungta tuštybei, – ne savo noru, bet pavergėjo valia, – su viltimi, kad ir pati kūrinija bus išlaisvinta iš suirimo vergijos ir įgis šlovingą Dievo vaikų laisvę. Juk mes žinome, kad visa kūrinija iki šiol dejuoja ir tebėra gimdymo skausmuose."*

Na o kaip buvo prakeikta gyvatė? Pradžios 3:14 klastingam padarui, kuris sugundė žmones nusidėti, Dievas pasakė: *„Kadangi taip padarei, esi prakeikta tarp visų gyvulių ir laukinių žvėrių. Tu slinksi pilvu ir dulkes ėsi per visą savo gyvenimą!"* Gyvatės juk minta ne dulkėmis, bet gyvais padarais: paukščiais, varlėmis, pelėmis arba vabzdžiais. Dievas aiškiai pasakė „ir dulkes ėsi per visą savo gyvenimą." Kaip gi paaiškinti šią eilutę?

Dulkės simbolizuoja „žmones, kurie yra padaryti iš žemės dulkių" (Pradžios 2:7), o „gyvatė" atstovauja priešui velniui ir šėtonui (Apreiškimų 20:2). „Dulkes ėsi per visą savo gyvenimą" reiškia tai, kad šėtonas ir velnias prarys žmones, kurie negyvena pagal Dievo Žodį, bet vaikšto tamsoje.

Net, jei Dievo vaikai daro blogį, nepaklusdami Dievo valiai, jiems šėtonas ir velnias siunčia vargus ir sunkumus. Šiandien priešas velnias slankioja aplinkui kaip riaumojantis liūtas, tykodamas kurį nors praryti (1 Petro 5:8). Jei jie ką nors ras, jie įkalins jį arba ją nuodėmės prakeikime ir nuvilks tą žmogų į pražūties kelią. Jei tai įmanoma, jie stengiasi gundyti net Dievo vaikus.

Šėtonas ir velnias gundo tuos, kurie sako: „Aš tikiu Dievą," bet tvirtai netiki Dievo Žodžiu, ir veda juos į mirties kelią. Dažniausiai, šėtonas ir velnias mėgina jus gundyti per artimiausius jums žmones – sutuoktinį, draugą ar gimines – taip, kaip jie gundė Ievą per gyvatę, vieną jos mėgstamiausių augintinių.

Pavyzdžiui, jūsų sutuoktinis arba draugas gali jūsų paklausti: „Ar tau dar neįkyrėjo kas kartą vaikščioti į sekmadienio rytinį šlovinimo tarnavimą? Ar būtina tau pastoviai dalyvauti ir sekmadienio vakariniame šlovinimo tarnavime?" arba: „Ar jūs taip visada stengiatės rinktis kas dieną?" „Dievas, būdamas visažinis ir visagalis, supranta ir mato net tavo širdies gelmes. Ar gi tau būtina šaukti maldoje?"

Dievas liepė mums atsiminti sabato dieną ir ją švęsti (Išėjimo 20:8), Stengtis rinktis Viešpaties vardu (Žydams 10:25) ir šaukti maldoje (Jeremijo 33:3). Tie, kurie pilnai gyvena Dievo Žodžiu, negali būti šėtono sugundyti ir negali nusidėti (Mato 7:24-25).

Kaip yra parašyta Efeziečiams 6:11: „*Apsirenkite visa Dievo ginkluote, kad galėtumėte pasipriešinti prieš velnio klastas,*" turite apsiginkluoti Dievo Tiesos Žodžiu ir drąsiai tikėjimu nuvaryti priešą velnią ir šėtoną.

Kodėl Dievas sukūrė gėrio ir blogio pažinimo medį Edeno sode?

Dievas Edeno sode patalpino gėrio ir blogio pažinimo medį ne tam, kad išvarytų žmones į pražūtį, bet tam, kad duotų jiems tikrą laimę. Daugelis žmonių, nesuprasdami Jo gilaus plano, neteisingai supranta Dievo meilę ir teisingumą arba net netiki Dievu. Jie gyvena apatišką arba beprasmį gyvenimą, nerasdami savo gyvenimo tikslo.

Tad kodėl gi Dievas Edeno sode patalpino gėrio ir blogio pažinimo medį ir kaip jis atneša jums didelius palaiminimus?

Adomas ir Ieva nepažino tikro džiaugsmo

Edeno sodas buvo neįsivaizduojamai gražus ir visa ko pertekęs. Dievas iš žemės išaugino įvairių rūšių medžius. Jie buvo malonūs akiai ir tinkami maistui. Sodo viduryje buvo gyvybės medis ir gero ir blogo pažinimo medis (Pradžios 2:9).

Tad kodėl gi Dievas Edeno sode patalpino gero ir blogo pažinimo medį šalia gyvybės medžio, kad jis būtų gerai matomas? Dievas niekuomet nemanė jų sužlugdyti, sugundydamas juos valgyti nuo to medžio. Dievas norėjo, kad per gero ir blogo pažinimo medį mes suprastume santykiškumą ir taptume Jo tikrais dvasiniais vaikais, galinčiais pajusti Jo širdį.

Žmonės, susiduriantys su liūdesiu, sielvartu, skurdu ar ligomis tikriausiai pagalvoja, kaip gerai Adomui ir Ievai turėjo būti Edeno sode, nes jiems nereikėjo kęsti skausmų, sielvarto, skurdo, ligų, bei lieti ašarų, kaip šiame pasaulyje. Tačiau žmonės Edeno sode nepažino nei tikros laimės, nei tikros meilės, nes nebuvo patyrę santykiškumo.

Paimkime pavyzdį. Tarkime, kad yra du berniukai. Vienas gimė ir augo skurde, o kitas mėgavosi visa ko pertekusiu gyvenimu. Jei kiekvienam iš jų padovanotumėte po labai brangų žaislą, kaip jie į tai sureaguotų? Viena pusė – berniukas, augęs prabangoje – nereikš ypatingo dėkingumo, nes vargu, ar supras žaislo vertę. Kita pusė – berniukas, augęs skurde – bus labai dėkingas, ir be galo vertins tą žaislą.

Tikra laim suvokiama tik per santykiškum

Panašiai ir tie, kurie santykinai pažino laisvę ar perteklių, žino ir turi tikrą džiaugsmą arba laisvę. Šiame pasaulyje yra daug santykinių dalykų, ne taip, kaip Edeno sode. Jei norite pažinti ir žinoti tikrą kokių nors dalykų vertę, turite patirti jų santykiškumą. Neįmanoma pilnai suvokti jų vertės, kol neišgyvensi jiems priešingų dalykų.

Pavyzdžiui, jei norite turėti tikrą džiaugsmą, turite išgyventi liūdesį. Jei norite pažinti ir žinoti tikrą meilę, turite patirti neapykantą. Negalėsite tinkamai vertinti savo sveikatos, kol nepatirsite ligų ar blogos sveikatos būklės sukelto skausmo. Kol neįsisąmoninsite, kad tikrai yra mirtis ir pragaras, jūs negalėsite suvokti amžinojo gyvenimo prasmės, negalėsite būti dėkingu Dievui Tėvui, kuris geriesiems ruošia dangų.

Pirmasis žmogus Adomas galėjo valgyti viską, ko tik panorėjęs, ir turėjo valdžią valdyti visus dalykus Edeno sode. Kad visa tai turėtų, jam nereikėjo sunkiai dirbti ir lieti prakaito. Dėl šios priežasties jis ir nejautė Dievui, suteikusiam jam visa tai, dėkingumo, savo širdimi nepažino Jo malonės ir meilės.

Vėliau Adomas nepaklausė Dievo paliepimo ir valgė uždraustą vaisių. Iki to laiko jis buvo gyva siela, bet po to, kai nusidėjo, jo dvasia mirė ir jis tapo žmogiškuoju kūnu. Jis ir jo žmona buvo išvaryti iš Edeno sodo ir pradėjo gyventi šioje žemėje. Jis pradėjo kęsti tokius dalykus, kurių neišgyveno Edeno sode: ašaras, sielvartą, ligas, skausmą, nesėkmę, mirtį ir taip toliau. Galų gale, jis įsitikino, kad visa tai yra priešinga tai laimei, kurią turėjo Edeno sode.

Tokiu būdu Adomas ir Ieva suprato ir pajautė, kas yra džiaugsmas ir liūdesys, ir kiek vertinga buvo ta laisvė ir perteklius, kurį Dievas jiems buvo davęs Edeno sode.

Jūsų gyvenimas būtų beprasmis, jei jūs amžinai gyventumėte nesuvokdami, kas yra džiaugsmas ir liūdesys. Net, jei dabar jūs išgyvenate sunkumus, jūsų gyvenimas turės daugiau vertės ir prasmės, jei jūs vėliau galėsite jausti tikrą džiaugsmą.

Pavyzdžiui, net, jei tėvai žino, kad besimokydami jų vaikai turės patirti skausmą, jie vis tiek leidžia juos į mokyklą. Jeigu tėvai tikrai myli savo vaikus, jie yra pasiruošę padėti savo vaikams sunkiuose moksluose arba patirti daug gerų dalykų. Panašiai ir Dievas Tėvas siuntė žmones gyventi šioje žemėje ir ugdo juos, kaip Savo tikrus vaikus, vesdamas juos per įvairius išgyvenimus.

Dėl tos pačios priežasties Dievas Edeno sode patalpino gero ir blogo pažinimo medį ir nesukliudė Adomui ir Ievai valgyti nuo to medžio jų laisvos valios pasirinkimu. Jis visa tai suplanavo, kad žmonės galėtų patirti šiame pasaulyje įvairius džiaugsmus, pyktį, širdgėlą ir malonumus, ir per žmonijos ugdymo darbą taptų Jo tikrais vaikais.

Per skausmingus išgyvenimus galiausiai žmonės savo širdyje palaipsniui supranta tikrą tų dalykų reikšmę ir vertę.

Kadangi per žmonijos ugdymo procesą jie pažino ir patyrė tikrą laimę, Dievo vaikai nesielgs su Dievu taip, kaip Adomas pasielgė su Juo Edeno sode, nesvarbu, kiek laiko bepraeitų. Jie atvirkščiai, Jį mylės vis labiau ir labiau, taps pripildyti džiaugsmo ir dėkingumo, ir vis labiau Jį garbins.

Tikra laim danguje

Dievo vaikai, kuriems šiame pasaulyje teko išgyventi liūdesį, sielvartą, skausmą, ligas, mirtį ir panašius dalykus, įžengs į amžiną dangų, turės nesibaigiančią laimę, meilę ir džiaugsmą, bei amžinai bus dėkingi. Danguje jie jus tobulos laimės džiaugsmą.

Šiame kūniškame pasaulyje viskas pūva ir miršta, bet tenai, amžinojoje dangaus karalystėje, nėra puvimo, mirties, ašarų bei liūdesio. Čia, žemėje, auksas turi didžiausią vertę, bet Naujojoje Jeruzalėje iš gryno aukso bus padaryti visi keliai. Dangaus namai yra pastatyti iš labai gražių ir vertingų brangakmenių. Kokie jie nuostabūs ir gražūs!

Anksčiau auksą ar brangenybes laikiau pačiomis didžiausiomis vertybėmis, tačiau nuo to laiko, kai sutikau Dievą ir sužinojau apie amžiną dangų, viskas šiame pasaulyje man tapo tuščia ir nieko neverta. Palyginus su amžinąja erdve, šis gyvenimas yra tik akimirka. Jei jūs iš tiesų tikėsite dangumi ir vilsitės jo, jūs niekuomet nemylėsite šio pasaulio. Jūs tik norėsite vieno, ir apie tai mąstysite, kaip galėtumėte išgelbėti dar bent vieną žmogų arba skleisti evangeliją visame pasaulyje. Atiduodami geriausius paaukojimus Dievui iš visos širdies ir nesiekdami kaupti sau turtų čia žemėje, jūs krausite sau atlyginimus danguje.

Apaštalas Paulius galėjo džiaugsmingai eiti savo nelengvu keliu dėkodamas, nes regėjime, kurį jam parodė Dievas, matė trečią dangų. Kaip apaštalas pagonims, jis turėjo susidurti su milžiniškais sunkumais. Dievas jam parodė nuostabų dangaus grožį ir padrąsino jį iki galo eiti savo keliu, ir tikėtis dangaus. Jis buvo mušamas lazdomis, smarkiai plakamas, mušamas akmenimis, dažnai įkalinamas, bei dėl Viešpaties evangelijos pamokslavimo turėjo lieti savo kraują. Nežiūrint viso to, Paulius žinojo, kad bus neapsakytinai didžiai apdovanotas danguje. Galiausiai, visi tie sunkumai buvo dėl didelio dangiško atpildo.

Dievo žmonės nepuoselėja vilčių šiame pasaulyje. Jie trokšta tik dangiškosios karalystės. Dievo akyse šis pasaulis yra tik akimirka, o dangiškojoje karalystėje gyvenimas trunka amžinai. Danguje nėra ašarų, nei sielvarto, kančių ar mirties. Taigi, jie visada gali gyventi džiaugsme, tikėdamiesi didelių apdovanojimų, kuriuos, pagal tai, ką jie sėjo ar darė, Dievas jiems suteiks danguje.

Todėl aš Viešpaties Jėzaus Kristaus vardu meldžiu, kad jūs suprastumėte Dievo Kūrėjo didžią meilę ir planą, bei pasiruoštumėte įžengti į dangų, kad stulbinančiai gražiame ir šlovingame danguje galėtumėte mėgautis amžinuoju gyvenimu ir tikra laime.

4 Skyrius

PASLAPTIS NUO PAT LAIKO PRADŽIŲ

- Adomo valdžia perduodama velniui
- Žemės išpirkimo įstatymas
- Paslaptis nuo laiko pradžių
- Jėzus yra tinkamas pagal įstatymą

„ Tiesa, tarp subrendusiųjų mes skelbiame išmintį, tačiau tai išmintis ne šio pasaulio ir ne šio pasaulio valdovų, kurie pranyks. Mes skelbiame paslaptingą ir paslėptą Dievo išmintį, kurią Dievas nuo amžių paskyrė mums išaukštinti, kurios nepažino jokie šio pasaulio valdovai, nes, jei būtų pažinę, nebūtų šlovės Viešpaties nukryžiavę. "

1 Korintiečiams 2 :6-8

Adomas ir Ieva Edeno sode buvo sugundyti gyvatės, nepakluso Dievo paliepimui ir valgė nuo gero ir blogo pažinimo medžio, nes mintyse troško būti kaip Dievas. To pasekoje, jie ir visi jų palikuoniai tapo nusidėjėliais. Žmogiškoji logika parodo mums, kad Adomas ir Ieva buvo apgailėtini, nes buvo išvaryti iš Edeno sodo ir turėjo mirti. Tačiau, kalbant dvasiškai, tai yra nuostabus palaiminimas iš Dievo, kadangi per Jėzų Kristų jie turės galimybę gauti išgelbėjimą, amžiną gyvenimą ir dangiškąsias palaimas.

Per žmonijos ugdymo planą buvo atskleista paslaptis, užmaskuota jūsų pačių šlovei dar prieš laiko pradžią, ir visoms tautoms plačiai atsivėrė išgelbėjimo durys. Pažvelkime giliau į tą paslaptį, kuri glūdėjo dar prieš laiko pradžią, ir kaip atsivėrė išgelbėjimo durys.

Adomo valdžia perduodama velniui

Luko 4:5-6 matome, kaip velnias gundo tik ką 40-ies dienų pasninką baigusį Jėzų.

Tada velnias, užvedęs Jį į aukštą kalną, viena akimirka parodė Jam visas pasaulio karalystes. Velnias Jam tarė:

„Duosiu Tau visą jų valdžią ir šlovę; jos man atiduotos, ir kam noriu, tam jas duodu."

Velnias pasakė, kad Jis perduos valdžią Jėzui, nes ji jam buvo iš kažko perduota. Kodėl Dievas, kuris valdo visus dalykus, leido, kad visa valdžia būtų perduota velniui?

Pradžios 1:28 parašyta: *„Dievas juos palaimino ir tarė: ,Būkite vaisingi ir dauginkitės, pripildykite žemę ir užvaldykite ją, viešpataukite jūros žuvims, padangių paukščiams ir kiekvienam gyvam padarui, kuris kruta ant žemės!'"*

Adomas iš Dievo gavo valdžią ir jėgą valdyti ir tvarkyti visus dalykus. Jis buvo visa ko viešpats. Bet, praėjus ilgam laiko tarpui, jis ir jo žmona buvo klastingos gyvatės sugundyti valgyti nuo gero ir blogo pažinimo medžio. Jis padarė nepaklusnumo Dievui nuodėmę.

Romiečiams 6:16 sakoma: *„Argi nežinote, kad pasiduodami kam nors vergauti, jūs iš tiesų tampate vergais to, kuriam paklūstate: ar tai būtų nuodėmė, vedanti į mirtį, ar paklusnumas, vedantis į teisumą."* Esi arba nuodėmės, arba teisumo vergas. Jei jūs darote nuodėmes, esate nuodėmės vergas ir būsite atiduotas mirčiai. Tačiau, jei jūs paklūstate teisumo Žodžiui, jūs esate teisumo vergas ir įžengsite į dangų.

Adomas padarė nepaklusnumo Dievui nuodėmę ir tapo nuodėmės vergu. Todėl jis nebegalėjo turėti Dievo jam duotos visos valdžios ir jėgos. Kaip visą savo nuosavybę vergas atiduoda savo šeimininkui, jis turėjo perduoti velniui ir tą valdžią bei jėgą. Trumpai tariant, Adomas perdavė savo valdžią ir jėgą, kurią jam buvo davęs Dievas, velniui, nes jis nusidėjo ir tapo nuodėmės vergu.

Adomo nepaklusnumas buvo ir visų žmonių nuodėmių priežastimi. Tai privertė jį ir visus jo palikuonius vergiškai tarnauti velniui ir būti pasmerktiems mirčiai.

Žemės išpirkimo įstatymas

Ką žmonės turi daryti, kad būtų išvaduoti iš priešo velnio ir šėtono, ir būtų išgelbėti iš nuodėmių ir mirties? Yra sakančių taip: „Dievas besąlygiškai kiekvienam atleidžia, nes Dievas yra meilė. Jis yra kupinas užuojautos ir malonės." Tačiau, 1 Korintiečiams 14:40 yra parašyta: *„Tebūnie viskas daroma padoriai ir tvarkingai. "* Dievas viską daro tam tikru būdu, pagal dvasinės sferos įstatymus. Dievas nieko nedaro prieš dvasinį įstatymą, nes Jis yra teisumo ir teisingumo Dievas.

Dvasinėje sferoje yra įstatymas, kuris byloja, kad: „Atpildas už nuodėmę yra mirtis." Taipogi yra nusidėjėlių atpirkimo įstatymas. Šis dvasinis įstatymas turi būti pritaikytas, kad galima būtų grąžinti valdžią, kurią Adomas perdavė velniui.

Taigi, koks yra nusidėjėlių atpirkimo įstatymas? Tai yra žemės išpirkimo įstatymas, užrašytas Senajame Testamente. Prieš prasidedant laikui, Dievas Tėvas, pagal šį įstatymą, slaptoje paruošė žmonijos išgelbėjimo būdą.

Koks yra žem s išpirkimo statymas?

Štai Dievo įsakymas izraelitams Kunigų 25:23-25:

Žemė nebus parduodama visam laikui, nes ji mano, o jūs esate tik svečiai ir ateiviai. Todėl visa jūsų žemė bus parduodama su išpirkimo teise. Jei suvargęs tavo brolis parduotų nuosavybės dalį, jo giminaitis gali ją išpirkti.

Kiekviena žemės dalis priklauso Dievui ir negali būti parduota visam laikui. Jei koks žmogus dėl savo skurdo parduodavo savo žemę, Dievas leisdavo jo artimiausiam giminaičiui išpirkti tą žemę. Toks yra žemės išpirkimo įstatymas. Izraelio tauta sudarydavo žemės pardavimo sutartis pagal žemės atpirkimo įstatymą, pirkimo-pardavimo procese jie neparduodavo jos visam laikui.

Pardavėjas ir pirkėjas liudijime nuosekliai užrašo žemės sutarties turinį taip, kad pardavėjas arba jo artimiausias giminaitis po kiek laiko galėtų ją išpirkti. Jie daro liudijimo kopiją ir, dviejų ar trijų liudytojų akivaizdoje, ant abiejų sutarčių kiekvienas uždeda savo antspaudą. Viena kopija yra užantspauduojama ir saugoma šventyklos sandėlyje. Kita kopija, neužantspauduota ir atverta, buvo laikoma prie įėjimo. Žemės išpirkimo įstatymas leisdavo pardavėjui ir jo artimiausiam giminaičiui bet kuriuo metu išpirkti žemę.

Žem s išpirkimo statymas ir žmonijos išgelb jimas

Kodėl Dievas paruošė žmonijos išgelbėjimo būdą pagal žemės išpirkimo įstatymą? Pradžios 3:19 ir 23 aiškiai mums sako, kad žemės išpirkimo įstatymas yra tiesiogiai susijęs su žmonijos išgelbėjimu:

Valgysi prakaitu uždirbtą duoną, kol sugrįši į žemę, iš kurios esi paimtas. Esi dulkė ir dulke vėl pavirsi. (Pradžios 3:19).

Todėl Viešpats Dievas išvarė jį iš Edeno sodo dirbti žemę, iš kurios jis buvo paimtas. (Pradžios 3:23).

Po to, kai Adomas nepakluso, Dievas jam pasakė: „*Esi dulkė ir dulke vėl pavirsi.* " Čia „dulkė" simbolizuoja žmogų, suformuotą iš dulkių. Todėl žmonės po mirties virsta dulkėmis.

Žemės išpirkimo įstatymas byloja, kad visos žemės priklauso Dievui ir negali būti parduotos visam laikui (Kunigų 25:23-25). Šios eilutės reiškia, kad visi žmonės, kilę iš žemės dulkių, priklauso Dievui ir negali būti parduoti visam laikui. Tai taip pat reiškia, kad jokia valdžia ir jėga, kurią Adomas buvo gavęs iš Dievo, negalėjo būti parduota visam laikui, nes priklauso Dievui.

Adomo valdžia buvo perduota priešui velniui ir šėtonui, bet tas, kuris gali išpirkti Adomo prarastą valdžią, gali atgauti ją iš priešo velnio. Panašiai ir teisumo Dievas pagal žemės išpirkimo įstatymą paskyrė tobulą atpirkėją. Tas atpirkėjas yra visų žmonių Išgelbėtojas.

Paslaptis nuo laiko pradžių

Prieš laiko pradžią meilės Dievas žinojo, kad Adomas nepaklus Jam ir visi jo palikuoniai nupuls į pražūties kelią. Jis slaptoje paruošė žmonijos išgelbėjimo planą ir paslėpė jį iki to laiko, kai Jis panorės tai atskleisti.

Jei velnias būtų žinojęs Dievo programą, jis būtų trukdęs Dievui išspręsti visų žmonių nuodėmės ir mirties klausimą, kad išlaikytų savo valdžią. 1 Korintiečiams 2:7 teigiama: „*Mes skelbiame paslaptingą ir paslėptą Dievo išmintį, kurią Dievas nuo amžių paskyrė mums išaukštinti.*"

J zus Kristus – Dievo išmintis

Romiečiams 5:18-19 parašyta: „*Todėl kaip vieno žmogaus nusikaltimas visiems žmonėms užtraukė teismą ir pasmerkimą, taip vieno Žmogaus teisumas visiems pelnė išteisinimą, kad gyventų. Kaip vieno žmogaus neklusnumu daugelis tapo nusidėjėliais, taip ir vieno klusnumu daugelis taps teisūs.*"

Kaip per vieno žmogaus nepaklusnumą visi tapo nusidėjėliais ir nuėjo mirties keliu, taip ir per vieno žmogaus paklusnumą visi žmonės gali tapti teisiais ir išgelbėtais.

Dievas siuntė Jėzų Kristų, kurį, kaip išgelbėjimo būdą, buvo paslapčia paruošęs, ir leido jam būti nukryžiuotam ir vėl prisikelti. Nuo tada, kas tiki Jį, yra išgelbėtas. 1 Korintiečiams 1:18 Dievas mus sako: „*Mat žodis apie kryžių tiems, kurie žūsta, yra kvailystė, bet mums, išgelbėtiems, jis yra Dievo jėga.*"

Kai kuriems žmonėms tai, kad Visagalio Dievo Sūnus buvo išjuoktas ir nužudytas Savo kūrinių, skamba kvailai. Tačiau šis „kvailas" Dievo planas yra kur kas išmintingesnis, negu protingiausi žmonių planai, ir Dievo „silpnumas" yra kur kas stipresnis, negu didžiausia žmogiška jėga (1Korintiečiams 1:19-

24). Biblija aiškiai sako, kad niekas negali Dievo akyse būti teisus, laikydamasis įstatymo. Tačiau Dievas kiekvienam, kuris tokiu būdu tiki Jėzumi Kristumi, atvėrė išgelbėjimo kelią. Atpildas už nuodėmę yra mirtis. Taigi, jei Jėzus nebūtų miręs už mūsų nuodėmes, niekas negalėtų būti išgelbėtas. Jėzus buvo nukryžiuotas už mūsų kaltes ir Dievo jėga vėl prikeltas. Dievas parengė būdą, kuris galbūt atrodo silpnas ar kvailas, ir ilgą laiką jį slėpė.

Dievas neatskleidė Jėzaus Kristaus ir Jo nukryžiavimo paslapties, nes priešas velnias ir šėtonas, jei būtų tai žinoję, būtų trukdę žmonijos išgelbėjimui. Šėtonas niekuomet nebūtų nužudęs Jėzaus ant kryžiaus, jei būtų žinojęs, kad Dievas per kryžių yra paruošęs žmonijos iš nuodėmių atpirkimo būdą, kad išgelbėtų juos nuo mirties ir atgautų iš velnio valdžią, priklausiusią Adomui.

Tik nepamirškime 1 Korintiečiams 2:7-8: „*Mes skelbiame paslaptingą ir paslėptą Dievo išmintį, kurią Dievas nuo amžių paskyrė mums išaukštinti, kurios nepažino jokie šio pasaulio valdovai, nes, jei būtų pažinę, nebūtų šlovės Viešpaties nukryžiavę.*"

Jėzus yra tinkamas pagal įstatymą

Kaip kiekviena sutartis turi nuostatas, dvasinė sfera taip pat turi taisykles, kuriose sakoma, kad atpirkėjas turi atitikti žemės išpirkimo įstatymą, kad būtų tinkamas atgauti iš velnio valdžią, kurios neteko Adomas.

Pavyzdžiui, tarkime, kad vieno žmogaus verslas bankrutuoja. Jis turi didžiulių skolų, bet nėra pajėgus jų išmokėti. Jei jis turi turtingą mylintį brolį, šis vienu kartu padengs visas jo skolas.

Visiems žmonėms, kurie nuo Adomo nupuolimo yra nusidėjėliai, reikia atpirkėjo, kuris atitiktų galinčio apvalyti juos nuo nuodėmių kvalifikacijas. Kokie gi yra tie reikalavimai, kuriuos turi atitikti atpirkėjas? Kodėl Biblijoje pasakyta, kad tik Jėzus yra tinkamas.

Pirma, atpirk jas turi b ti žmogus

Kunigų 25:25 parašyta: *„Jei suvargęs tavo brolis parduotų nuosavybės dalį, jo artimiausias giminaitis gali ją išpirkti.“* Žemės išpirkimo įstatymas byloja, kad, jei žmogus nuskursta ir parduoda savo nuosavybę, jo artimiausias giminaitis gali tai išpirkti.

1 Korintiečiams 15:21-22 parašyta: *„Kaip per žmogų – mirtis, taip per žmogų ir mirusiųjų prisikėlimas. Kaip Adome visi miršta, taip Kristuje visi bus atgaivinti.“* Pirmasis reikalavimas yra tas, kad Atpirkėjas, galintis išpirkti Adomo valdžią, turi būti žmogus. Šis faktas dar kartą detaliai yra aprašomas Apreiškimų 5:1-5:

> *Ir aš mačiau soste Sėdinčiojo dešinėje knygos ritinį, prirašytą iš vidaus ir iš viršaus, užantspauduotą septyniais antspaudais. Ir pamačiau galingą angelą, skelbiantį garsiu balsu: „Kas yra vertas atversti knygą ir nuplėšti nuo jos antspaudus?“ Bet niekas nei danguje,*

nei žemėje, nei po žeme negalėjo atversti knygos nei
pažiūrėti į ją. Ir aš smarkiai verkiau, kad neatsirado
verto atversti ir skaityti knygą ar pažiūrėti į ją. Tada
vienas iš vyresniųjų man tarė: „Neverk! Štai nugalėjo
liūtas iš Judo giminės, Dovydo atžala, kad atverstų
knygą ir nuplėštų septynis jos antspaudus.“

"Knyga, prirašyta iš vidaus ir iš viršaus, užantspauduota
septyniais antspaudais" reiškia sutartį, kuri buvo pasirašyta tarp
Dievo ir velnio, kuomet Adomas nepakluso Dievui ir tapo
nusidėjėliu. Apaštalas Jonas negalėjo rasti nei vieno danguje,
žemėje ar po žeme, kuris būtų vertas nuplėšti nuo knygos
antspaudus ir atverti ritinį.

Tai buvo dėl to, kad angelai danguje nėra žmonės, visi žmonės
žemėje, kaip Adomo palikuoniai, yra nusidėjėliai, o po žeme yra
tik piktosios dvasios, priklausančios velniui, bei mirusios sielos,
kurios turės būti įmestos į pragarą.

Tada vienas iš vyresniųjų tarė jonui: „*Neverk! Štai nugalėjo*
liūtas iš Judo giminės, Dovydo atžala, kad atverstų knygą ir
nuplėštų septynis jos antspaudus.“ Čia „Dovydo atžala" reiškia
Jėzų, kuris gimė, kaip Karaliaus Dovydo iš Judo giminės
palikuonis (Apaštalų darbų 13:22-23). Todėl Jėzus atitinka
pirmą žemės atpirkimo įstatymo keliamą reikalavimą.

Kai kas gali pasakyti, kad „Dievas yra Absoliutas. Jėzus tikrai
yra Dievas, nes yra Dievo Sūnus. Jis jokiu būdu nėra žmogus."
Atminkite, tačiau Jono 1:1 pasakyta „*Žodis buvo Dievas,*" o
Jono 1:14 skaitome: „*Ir Žodis tapo kūnu ir gyveno tarp mūsų.*"
Dievas, kuris buvo Žodis, tapo kūnu ir gyveno čia žemėje tarp

mūsų.

Tai buvo Jėzus, kuris pradine esybe buvo Dievas ir kuris tapo kūnu kaip žmogus. Jis Savo esybe buvo Žodis ir Dievo Sūnus. Jame buvo žmogiškumas ir dieviškumas. Tačiau gimė ir augo kaip žmogus, kūne. Žmonijos istorija dalijama į dvi dalis, kurių skiriamoji riba yra Jėzaus gimimas: B.C., Prieš Kristų (angl. *Before Christ*), ir A.D., Viešpaties metai (lot. *Anno Domini*). Vien jau tai liudija, kad Jėzus tapo kūnu ir nužengė į šią žemę. Jėzaus gimimas, auklėjimas ir nukryžiavimas taip pat yra šio akivaizdaus fakto detalės.

Taigi, Jėzus yra žmogus ir yra tinkamas būti mūsų Išgelbėtoju.

Antra, Jis neturi b ti Adomo palikuonis

Skolininkas negali išmokėti kitų žmonių skolų. Tas, kas neturi skolų ir yra pajėgus padėti kitiems, gali jas išmokėti. Lygiai taip pat ir visų žmonių išgelbėtojas turi būti nepriekaištingas ir nesuteptas, kad galėtų išpirkti visus žmones iš nuodėmių ir mirties. Visi žmonės yra Adomo palikuoniai ir nusidėjėliai, nes Adomas, visų protėvis, nusidėjo. Niekas iš jo palikuonių nėra tinkamas būti atpirkėju, nes kiekvienas pats yra nusidėjėlis. Netgi didieji žmonijos istorijos personažai negali atsakyti už kitų nuodėmes.

Ar Jėzus turi Šią kvalifikaciją?

Mato 1:18-21 aprašomas Jėzaus gimimas. Jis buvo pradėtas ne per vyro ir moters susijungimą, bet nuo Šventosios Dvasios. Šiose eilutėse parašyta:

Jėzaus Kristaus gimimas buvo toksai. Jo motina Marija buvo susižadėjusi su Juozapu; dar nepradėjus jiems kartu gyventi, ji tapo nėščia iš Šventosios Dvasios. Jos vyras Juozapas, būdamas teisus ir nenorėdamas daryti jai nešlovės, sumanė tylomis ją atleisti. Kai jis nusprendė taip padaryti, sapne pasirodė jam Viešpaties angelas ir tarė: „Juozapai, Dovydo sūnau, nebijok parsivesti į namus savo žmonos Marijos, nes jos vaisius yra iš Šventosios Dvasios. Ji pagimdys Sūnų, kuriam tu duosi vardą Jėzus, nes Jis išgelbės savo tautą iš jos nuodėmių."

Jėzus, pagal savo genealogiją, buvo Dovydo palikuonis (Mato 1; Luko 3:23-37). Tačiau Jis buvo pradėtas Šventosios Dvasios dar prieš Marijos ir Juozapo susijungimą. Todėl Jis neturėjo nuodėmingos prigimties.

Kiekvienas gimsta su pirmine nuodėme, nes ją paveldi iš savo tėvų. Kitaip tariant, kai Adomas nusidėjo, jis perdavė savo nuodėmingą prigimtį visiems savo palikuoniams. Nuodėmingą prigimtį žmonės paveldi iki pat mūsų dienų, ir ši nuodėmė yra vadinama „pirmine nuodėme." Dėl šios priežasties, visi Adomo palikuoniai yra nusidėjėliai ir negali išpirkti vienas kito.

Taigi, Dievas Tėvas suplanavo savo Sūnaus Jėzaus pradėjimą nuo Šventosios Dvasios Mergelės Marijos įsčiose. Taip Jėzus tapo kūnu ir atėjo į šį pasaulį, tačiau nebuvo Adomo palikuoniu.

Tre ia, Jis turi tur ti j g , kad nugal t velni

Taip pat Kunigų 25:26-27 mes skaitome:

O jei jis neturėtų giminaičio, bet pats galėtų išpirkti, bus nustatyta kaina už tą laiką, kai ji buvo parduota, o kas lieka, sugrąžins pirkėjui, ir taip atgaus savo nuosavybę.

Trumpai tariant, atpirkėjas turi būti pajėgus išpirkti parduotą žemę. Skurdžius negali išmokėti savo draugo skolų, net, jei tai norėtų padaryti. Lygiai taip pat ir išgelbėtojas turi būti be nuodėmės, kad galėtų išpirkti visus žmones iš jų nuodėmių. Nuodėmės neturėjimas dvasinėje sferoje yra jėga. Atpirkėjas turi turėti jėgą priešui velniui ir šėtonui nugalėti, bei sugrąžinti Adomo prarastą valdžią. Taigi, Atpirkėjas negali turėti nei pirminės nuodėmės, nei savo paties nuodėmės. Tik neturintis nuodėmės atpirkėjas gali nugalėti velnią ir išlaisvinti iš jo valdžios žmones.

Ar Jėzus neturėjo nuodėmės?
Jėzus neturėjo pirminės nuodėmės, nes buvo pradėtas Šventosios Dvasios. Jis pilnai pakluso Dievo įstatymui, nes augo tėvų, bijojusių Dievo, priežiūroje. Jis išpildė įstatymą meilėje. Aštuntą dieną po Savo gimimo Jis buvo apipjaustytas (Luko 2:21). Jis Pats niekuomet nenusidėjo ir vien tik pakluso Dievo Tėvo valiai, kol, būdamas 33 metų, buvo nukryžiuotas (1 Petro 2:22-24; Žydams 7:26).

Jėzus galėjo nugalėti velnią ir išpirkti visus žmones, nes neturėjo jokios nuodėmės. Jo „tyrumą" liudijo daugybė Jo jėgos darbų. Jis išvarinėdavo demonus, atverdavo akis akliesiems, ausis – kurtiesiems, luošieji imdavo vaikščioti, o įvairiausios ligos buvo pagydytos. Kai Jis sudraudė vėją ir pasakė bangoms „Nutilkite, nusiraminkite!", nurimo didelė audra ir stiprus vėjas (Morkaus 4:39).

Galiausiai, Jis turi turti pasiaukojan i meil

Net labai turtingas žmogus nebūtų pasiruošęs išpirkti žemę, jei nemylėtų to, kuris pardavė tą žemę. Lygiai taip pat ir išgelbėtojas turi mylėti nusidėjėlius iki tokio lygio, kad galėtų pasiaukoti, kad nuodėmės problema būtų išspręsta kartą ir visiems laikams.

Rūtos 4:1-6, Boozas gerai žinojo apie Noomės skurdą ir pasakė apie tai jos artimiausiam giminaičiui atpirkėjui, kad jis, jei nori, išpirktų tą žemę. Tačiau tas žmogus atsisakė, sakydamas Boozui: *„Aš negaliu išpirkti jos, nes tada nukentėtų mano paties paveldėjimas. Tu pasinaudok mano teise, nes aš negaliu to padaryti"* (6 eil.). Jis neišpirko tos žemės Noomei ir Rūtai, nors ir buvo pakankamai turtingas, kad galėtų tai padaryti. Tai buvo dėl to, kad jis neturėjo pasiaukojančios meilės. Galiausiai Boozas, sekantis po jo artimiausias giminaitis atpirkėjas, išpirko žemę, nes turėjo pasiaukojančią meilę.

Boozas tapo teisėtu atpirkėju ir vedė Rūtą, nes jis turėjo pakankamai meilės, kad išpirktų Noomės žemę. Boozo ir Rūtos sūnus, kuris jiems gimė, buvo karaliaus Dovydo prosenelis ir buvo įrašytas į Jėzaus šeimos kilmės liniją.

Jėzus buvo nukryžiuotas, turėdamas meilę. Jėzus buvo Žodis, bet tapo kūnu ir atėjo gyventi į žemę. Jėzus nebuvo Adomo palikuoniu, nes buvo pradėtas nuo Šventosios Dvasios. Taigi, Jis gimė be pirminės nuodėmės. Jis turėjo galią išpirkti žmones iš nuodėmių, nes buvo be nuodėmės.

Tačiau, nors Jis ir turėtų kitas tris kvalifikacijas, negalėtų tapti Atpirkėju, neturėdamas dvasinės pasiaukojančios meilės. Jis turėjo paimti bausmę už nuodėmes, kuriai buvo pasmerkti nusidėjėliai, taip, kad Jis išpirktų visus žmones iš nuodėmių.

Su Juo turėjo būti elgiamasi taip, kaip su didžiausiu ir pavojingiausiu nusikaltėliu, pakabinant Jį ant grubaus medinio kryžiaus. Jis, užgauliojamas ir kenčiantis patyčias, turėjo pralieti visą kraują ir vandenį iš Savo kūno, kad išgelbėtų visus žmones. Jis turėjo sumokėti didelę kainą ir didžiai pasiaukoti.

Niekur ir niekada žmonijos istorijoje negalėtumėte rasti tokio atvejo, kai nepriekaištingas princas būtų miręs už savo piktus ir kvailus žmones. Jėzus yra tas vienintelis Visagalio Dievo Sūnus, karalių Karalius, viešpačių Viešpats ir visos kūrinijos Valdovas. Toks didis, kilnus ir nepriekaištingas Jėzus buvo prikaltas prie kryžiaus ir mirė, praliejęs Savo kraują. Kokią begalinę meilę Jis mums jautė?

Iš tiesų, visą savo gyvenimą Jėzus darė tik gerus darbus. Nusidėjėliams Jis davė atleidimą, gydė įvairiomis ligomis sergančius žmones, daugelį išlaisvino nuo demonų, skelbė gerąją naujieną apie taiką, džiaugsmą ir meilę, ir nešė žmonėms tikrąją dangaus ir išgelbėjimo viltį. Ir didžiausia, ką Jis padarė, Jis atidavė savo gyvybę už nusidėjėlius.

Romiečiams 5:7-8 parašyta: „*Vargu ar kas sutiktų mirti už teisųjį; nebent kas ryžtųsi mirti už geradarį. O Dievas mums parodė savo meilę tuo, kad Kristus mirė už mus, kai tebebuvome nusidėjėliai.*" Dievas Tėvas siuntė Savo vieną ir vienintelį Sūnų Jėzų dėl mūsų, kurie nesame nei teisūs, nei geri, ir leido Jam kabėti ant kryžiaus ir mirti. Taip Jis parodė savo didžią meilę.

Taigi, aš Viešpaties vardu meldžiu, kad jūs suprastumėte, jog negalite būti išgelbėtas jokiu kitu vardu, tik Jėzaus Kristaus, kad, priimdamas Jėzų Kristų, galėtumėte įgyti teisę tapti tikru Dievo vaiku ir nuolatos mėgautis pergalingu gyvenimu, būdamas tikras savo išgelbėjimu!

5 Skyrius

KODĖL JĖZUS YRA MŪSŲ VIENINTELIS IŠGELBĖTOJAS?

- Išgelbėjimo per Jėzų Kristų planas
- Kodėl Jėzus kabėjo ant medinio kryžiaus?
- Jokio kito vardo žemėje, tik „Jėzaus Kristaus" vardas

Jėzus yra „akmuo, kurį jūs, statytojai, atmetėte ir kuris tapo kertiniu akmeniu." Ir nėra niekame kitame išgelbėjimo, nes neduota žmonėms po dangumi kito vardo, kuriuo turime būti išgelbėti.

Apaštalų Darbų 4:11-12

Jūs iš visos širdies pamilsite Dievą, kai suvoksite Jo gilų ir dėmesingą žmonijos ugdymo planą. Be to, kai suprasite išgelbėjimo per Jėzų Kristų sumanymą, jūs būsite apstulbinti Jo meile ir išmintimi.

Taigi, kaip nuo laiko pradžios slėptas išgelbėjimo planas buvo įvykdytas per Jėzų Kristų? Aš jau anksčiau minėjau, jog teisumo Dievas paruošė tą, kuris atitiko visus dvasinio įstatymo reikalavimus, kad išpirktų visus žmones, ir po dangumi yra tik vienas, – Jėzus, kuris atitinka tuos reikalavimus.

Jėzus yra vienintelis, kuris buvo žmogumi, tačiau nebuvo Adomo palikuoniu, nes buvo pradėtas nuo Šventosios Dvasios ir kūne atėjo į žemę. Be to, Jis turėjo ir meilę ir galią, reikalingą žmonėms atpirkti. Taigi, buvęs nukryžiuotas, Jis galėjo atverti visiems žmonėms išgelbėjimo kelią.

Todėl Apaštalų Darbų 4:12 yra parašyta: „*Ir nėra niekame kitame išgelbėjimo, nes neduota žmonėms po dangumi kito vardo, kuriuo turime būti išgelbėti.*" Kiekvienas, kas priima Jėzų Kristų ir Juo tiki, tam atleidžiamos visos nuodėmės ir jis išgelbstimas. Jis iš tamsos ateina į šviesą bei gauna Dievo vaikų valdžią ir palaiminimus.

Taigi, dabar aš jums paaiškinsiu, kodėl jūs turite tikėti nukryžiuotuoju Jėzumi, kad būtumėte išgelbėti ir gautumėte Dievo vaikų valdžią ir palaiminimus.

Išgelbėjimo per Jėzų Kristų planas

Prieš laiko pradžią Dievas paruošė išgelbėjimo planą. Pradžios knygoje buvo pranašauta apie Jėzų ir žmonijos išgelbėjimo per kryžių paslaptį. Pradžios 3:14-15 teigiama:

Tada Viešpats Dievas tarė gyvatei: „Kadangi taip padarei, esi prakeikta tarp visų gyvulių ir laukinių žvėrių. Tu slinksi pilvu ir dulkes ėsi per visą savo gyvenimą! Aš sukelsiu priešiškumą tarp tavęs ir moters, tarp tavo sėklos ir moters sėklos. Ji sutrins tau galvą, o tu gelsi jai į kulnį.“

Kaip jau anksčiau aptarėme, „gyvatė" dvasine prasme reiškia priešą velnią, o „ėsti dulkes" reiškia, kad priešas velnias valdo žmogų, padarytą iš žemės dulkių. Taip pat „moteris" simbolizuoja „Izraelį," o „moters sėkla" reiškia Jėzų. „Tu (gyvatė) gelsi jai į kulnį" reiškia, kad Jėzus bus nukryžiuotas, o „ji (moters sėkla) sutrins tau (gyvatei) galvą," reiškia, kad Jėzus savo prisikėlimu iš numirusiųjų sugriaus priešo velnio ir šėtono stovyklą.

Š tonas neperprato Dievo plano

Dievas savo išgelbėjimo planą laikė slaptoje, kad priešas velnias ir šėtonas jo nesužinotų ir neperprastų Jo išminties. Priešas velnias ir šėtonas prieš tai, kai jie buvo sutriuškinti, stengėsi pražudyti moters atžalą. Jis galvojo, kad amžinai galės turėti valdžią, kuri jam atiteko iš nepaklususio Dievui Adomo. Tačiau priešas velnias ir šėtonas net nenutuokė, kas buvo moters atžala. Taigi, jis stengėsi žudyti Senojo Testamento pranašus, kuriuos Dievas mylėjo.

Kai gimė Mozė, priešas velnias ir šėtonas sukurstė faraoną, Egipto karalių, žudyti visus berniukus, pagimdytus Žydų moterų (Išėjimo 1:15-22). Kai Jėzus, pradėtas nuo Šventosios Dvasios, atėjo į žemę, priešas velnias ir šėtonas paragino Erodą padaryti tą patį.

Tačiau Dievas jau iš anksto žinojo priešo velnio užmačias. Viešpaties angelas sapne pasirodė Juozapui ir pasakė jam paimti kūdikį bei motiną, ir eiti į Egiptą. Dievas leido jiems ten gyventi, kol karalius Erodas buvo gyvas.

Dievas leido J zui b ti nukryžiuotam

Jėzus augo Dievo saugomas ir pradėjo savo tarnavimą, būdamas 30 metų. Jis ėjo per Galilėją, mokydamas sinagogose, gydydamas įvairias negalias bei visokias ligas, kuriomis sirgo žmonės, prikeldamas mirusius ir pamokslaudamas evangeliją vargšams (Mato 4:23, 11:5).

Tuo tarpu, priešas velnias ir šėtonas vėl sukurstė aukščiausius kunigus, įstatymo mokytojus bei fariziejus, kad šie nužudytų Jėzų. Tačiau, kaip jūs žinote iš Biblijos, joks piktas žmogus net negalėjo Jėzaus paliesti, nes viskas Jo gyvenime vyko pagal Dievo planą.

Dievas tik po trijų Jo tarnavimo metų leido priešui velniui ir šėtonui nukryžiuoti Jėzų. Todėl Jėzui buvo uždėtas erškėčių vainikas ir Jis, kentėdamas didžiulį pervertų rankų ir kojų skausmą, mirė ant kryžiaus. Nukryžiavimas – tai žiauriausia mirties bausmės forma. Priešas velnias buvo didžiai pamalonintas, tokiu žiauriu būdu nužudęs Jėzų. Šėtonas iš pergalės džiaugsmo dainavo, nes manė valdysiąs pasaulį, kadangi nebuvo nei vieno, kuris galėtų nuversti jo režimą. Tačiau čia slypėjo Dievo planas.

Priešas velnias ir š tonas nusiženg dvasiniam statymui

Dievas nenaudoja Savo absoliučiai suverenios jėgos prieš įstatymą, nes Jis yra teisus. Jis pagal dvasinį įstatymą prieš laiko pradžią parengė išgelbėjimo būdą, nes Jis viską daro pagal dvasinius įstatymus.

Kadangi pagal dvasinį įstatymą atpildas už nuodėmę – mirtis (Romiečiams 6:23), niekas nemiršta, jei neturi nuodėmės. Tačiau priešas velnias ir šėtonas nukryžiavo Jėzų, kuris buvo nepriekaištingas ir tyras (1 Petro 2:22-23). Taip pasielgęs, priešas velnias nusižengė dvasiniam įstatymui ir buvo pagautas savo paties klastos. Jis tapo Dievo numatytu žmonijos išgelbėjimo įrankiu. Moters atžala sutraiškė jam galvą, kaip pranašauta Pradžios knygoje.

Apskritai, gyvatė gali priešintis, net, jeigu užminsite jai ant uodegos arba nupjausite jos kūno dalį, tačiau ji negali priešintis, jei jūs tvirtai pagriebsite jai už galvos. Taigi, ši eilutė „Aš sukelsiu priešiškumą tarp tavęs ir moters, tarp tavo sėklos ir moters sėklos.

Ji sutrins tau galvą, o tu gelsi jai į kulnį" dvasine prasme reiškia, kad, Jėzaus Kristaus dėka, priešas velnias neteks savo jėgos ir valdžios. Gyvatė, gelianti į moters atžalos kulnį, dvasine prasme reiškia, kad šėtonas nukryžiuos Jėzų, ir tai išsipildė, kaip buvo pranašauta Pradžios 3:15.

Išgelb jimas per J zaus nukryžiavim

Dievo prieš laiko pradžią paslėptas išgelbėjimo būdas buvo išpildytas, kai Jėzus, trečią dieną po nukryžiavimo, prisikėlė.

Maždaug prieš 6000 metų Adomas turėjo perduoti Dievo jam duotą valdžią priešui velniui, kadangi savo nepaklusnumu nusižengė dvasinės sferos įstatymui (Luko 4:6). Tačiau po 4000 metų, pažeidęs dvasinį įstatymą, šėtonas buvo pasmerktas pražūčiai.

Todėl priešas velnias turėjo išlaisvinti tuos, kurie priėmė Jėzų kaip savo gelbėtoją ir tikėjo Jo vardu. Šie gavo teisę tapti Dievo vaikais. Ar priešas velnias būtų nukryžiavęs Jėzų, jei būtų žinojęs šią Dievo išmintį? Tikrai ne! 1 Korintiečiams 2:8 yra primenama apie tai, kad tai išmintis, *„kurios nepažino jokie šio pasaulio valdovai, nes, jei būtų pažinę, nebūtų šlovės Viešpaties nukryžiavę."*

Šiandienos žmonės, nesuprantantys šio fakto, taip pat stebisi: „Kodėl visagalis Dievas neapsaugojo Savo Sūnaus nuo mirties? Kodėl Jis leido Jam mirti ant kryžiaus?" Tačiau, jei jūs gerai suprastumėte kryžiaus planą, jūs žinotumėte, kodėl Jėzus turėjo būti nukryžiuotas ir kaip Jis, po savo triumfuojančios pergalės prieš priešą velnią, galėjo tapti karalių Karaliumi ir viešpačių Viešpačiu. Taigi, kiekvienas, tikintis Jėzumi kaip savo Išgelbėtoju, kuris mirė ant kryžiaus ir trečią dieną po mirties prisikėlė, kad atpirktų žmones iš visų nuodėmių, gali būti pripažintas teisiu ir būti išgelbėtas.

Kodėl Jėzus kabėjo ant medinio kryžiaus?

Kodėl gi Jėzus kabėjo ant medinio kryžiaus? Kodėl būtent medinio kryžiaus? Nors buvo daug įvairių kitų mirties bausmės būdų, Jėzus mirė ant medinio kryžiaus. Pagal laišką Galatams 3:13-14, yra trys dvasinės priežastys, kodėl Jėzus kabėjo ant medinio kryžiaus.

Pirma, kad išpirkt mus iš statymo prakeikimo

Galatams 3:13 yra parašyta: „*Kristus mus atpirko iš įstatymo prakeikimo, tapdamas už mus prakeikimu, nes parašyta: „Prakeiktas kiekvienas, kuris kybo ant medžio.*" Čia mums paaiškinama, kad Jėzus išpirko mus iš įstatymo prakeikimo, būdamas pakabintas ant medinio kryžiaus.

Visi žmonės, dėl pirmo žmogaus, Adomo, nepaklusnumo, buvo prakeikti ir pasmerkti eiti mirties keliu, kaip parašyta Romiečiams 6:23: „Atpildas už nuodėmę – mirtis." Tačiau

Dievas atidavė Savo Sūnų už žmoniją ir leido Jam būti pakabintam ant medinio kryžiaus, kad išpirktų žmones iš įstatymo prakeikimo (Pakartoto įstatymo 21:23).

Be to, ant kryžiaus Jėzus praliejo savo brangų kraują. Pažvelkime į Kunigų 17 skyrių 11 ir 14 eilutes:

„Kūno gyvybė yra kraujyje; Aš jums jį daviau, kad juo ant aukuro atliktumėte sutaikinimą už savo sielas, nes kraujas sutaikina sielą." (11 eil.)

„Nes kiekvieno kūno gyvybė yra kraujyje; todėl įsakau izraelitams nevalgyti kraujo iš jokio kūno. Kas jį valgys, bus išnaikintas" (14 eil.).

Kunigų knygos autorius rašo, kad gyvybė yra kraujas, nes kiekvienai būtybei, kad ji gyventų, būtinas kraujas, kitaip ji mirtų.

Kiekvieno mirusio kūnas vėl pavirsta dulkėmis, o jo siela eina arba į dangų, arba į pragarą. Kad gautumėte amžiną gyvenimą, jums turi būti atleistos visos nuodėmės. Nuodėmių atleidimui reikalingas kraujo praliejimas, kaip yra nurodyta Žydams 9:22: *„Taip pat beveik viskas pagal įstatymą apvaloma krauju, ir be kraujo praliejimo nėra atleidimo."* Dėl šios priežasties Senojo Testamento žmonės, kai tik nusidėdavo, turėdavo aukoti gyvūnų kraują. Tačiau Jėzus kartą ir visiems laikams praliejo Savo brangų kraują, kad duotų žmonėms atleidimą bei amžiną gyvenimą, kadangi Jis pats neturėjo nei pirminės nuodėmės, nei Savo paties nuodėmės.

Taigi, jūs galite turėti amžinąjį gyvenimą tik brangaus Jėzaus kraujo dėka. Tai yra, Jėzus mirė vietoj jūsų ir atvėrė jums būdą būti Dievo vaiku.

Antra, kad duot Abraomo palaiminim

Pirmoje Galatams 3 skyriaus 14 eilutės dalyje yra parašyta, *„kad Abraomo palaiminimas Jėzuje Kristuje atitektų pagonims.“* Tai reiškia, kad Dievas ne tik Izraelitams, bet ir tiems pagoniams, kurie pripažįstami teisiais, priimdami Jėzų kaip savo Išgelbėtoją, duoda palaiminimą, suteiktą Abraomui.

Abraomas buvo pavadintas „tikėjimo tėvu“ ir „Dievo draugu“ ir jis gyveno, turėdamas šias palaimas: vaikus, sveikatą, ilgą gyvenimą, gerbūvį ir taip toliau. Abraomas buvo apsčiai palaimintas dėl to, kas yra parašyta Pradžios 22:15-18:

> *Viešpaties angelas antrą kartą pašaukė Abraomą iš dangaus ir tarė: „Savimi prisiekiu, – sako Viešpats, – kadangi tu tai padarei ir nepagailėjai savo vienintelio sūnaus, Aš laiminte tave palaiminsiu ir dauginte padauginsiu tavo palikuonis, kad jų bus kaip žvaigždžių danguje ir kaip smilčių jūros pakrantėje. Tavo palikuonys užims savo priešų vartus, ir tavo palikuonyse bus palaimintos visos žemės tautos dėl to, kad paklausei mano balso.“*

Abraomas paklauso, kai Dievas liepė jam: *„Palik savo šalį,*

gimines, tėvų namus ir eik į kraštą, kurį tau parodysiu. "
(Pradžios 12:1). Taip pat, jis be jokių pasiteisinimų ir skundų
pakluso, kai Dievas liepė: *„Imk Izaoką, savo vienintelį sūnų,
kurį myli, ir eik į Morijos šalį, ten aukok jį kaip deginamąją
auką ant kalno, kurį tau parodysiu!* " (Pradžios 22:2). Tai
Abraomas galėjo padaryti tik dėl to, jog tikėjo, kad Dievas gali
prikelti mirusiuosius (Žydams 11:19). Jis galėjo būti
palaiminimu ir tikėjimo tėvu, kadangi turėjo tokį tvirtą tikėjimą.
Todėl Dievo vaikams, priimantiems Jėzų kaip savo
Išgelbėtoją, reikia turėti Abraomo tikėjimą. Tuomet jūs, gaudami
visus palaiminimus žemėje, galėsite šlovinti Dievą.

Tre ia, kad duot Dvasios pažad

Antroje Galatams 3 skyriaus 14 eilutės dalyje yra sakoma, kad
„ir mes tikėjimu gautume pažadėtąją Dvasią. " Tai reiškia, kad
kiekvienas, kuris tiki, kad Jėzus už visus žmones mirė ant
medinio kryžiaus, yra išlaisvinamas iš įstatymo prakeikimo ir
gauna Šventosios Dvasios pažadą. Be to, kas priima Jėzų kaip
Gelbėtoją, gauna Dievo vaiko valdžią, ir tam Šventoji Dvasia yra
duodama kaip dovana ir garantija (Jono 1:12; Romiečiams
8:16).

Kai gaunate Šventąją Dvasią, galite vadinti Dievą „Aba, Tėve"
(Romiečiams 8:15), danguje jūsų vardas yra įrašomas į
Gyvenimo knygą (Luko 10:20) ir jūs gaunate dangaus pilietybę
(Filipiečiams 3:20). Tai vyksta todėl, kad Šventoji Dvasia, kuri
yra Dievo širdis ir stiprybė, padedama jums suprasti Dievo Žodį
ir tikėjimu pagal Jo Žodį gyventi, veda jus į amžinąjį gyvenimą.

Tačiau būsite išgelbėti ne tik tada, kai pripažinsite Jėzų savo Išgelbėtoju, bet taip pat tikėdami savo širdimi, kad Jis sulaužė mirties valdžią ir prisikėlė. Romiečiams 10:9 kalbama apie tai, kad: *„Jeigu lūpomis išpažinsi Viešpatį Jėzų ir širdimi tikėsi, kad Dievas Jį prikėlė iš numirusių, būsi išgelbėtas.“*

Prieš laiko pradžią Dievas suplanavo, kad tie, kurie patikės Jėzumi kaip Išgelbėtoju, bus suvienyti su Dievu ir atvesti į išgelbėjimą. Tas planas labai nuostabus ir paslaptingas. Žmonės, dėl pirmojo žmogaus nuodėmės, pagal dvasinės sferos įstatymą, kuris byloja, kad „atpildas už nuodėmę yra mirtis,“ turėjo būti pasmerkti mirčiai. Tačiau jie galėjo būti išlaisvinti nuo įstatymo prakeikimo ir pagal tą patį įstatymą tikėjimu būti išgelbėti, kadangi šėtonas nusižengė dvasinės sferos įstatymui.

Kai žmonės dėl nepaklusnumo tapo nuodėmės vergais, jie turėjo kentėti priešo velnio atsiųstus skausmus, vargus ir mirtį. Kaip bebūtų, kiekvienas, priėmęs Jėzų kaip Išgelbėtoją ir gavęs Šventąją Dvasią, gali turėti išgelbėjimą, amžinąjį gyvenimą, prisikėlimą ir gausius palaiminimus.

Dievo vaikams duota privilegija ir palaiminimas

Kas atveria savo širdį ir priima Jėzų Kristų, tam yra atleidžiama, jis gauna teisę tapti Dievo vaiku bei savo širdyje jaučia ramybę ir džiaugsmą. Tai yra įmanoma tik dėl to, kad Jėzus kartą ir visiems laikams, būdamas nukryžiuotas, paėmė visas mūsų nuodėmes. Taigi, Psalmių 103:12 yra parašyta: *„Kaip toli nuo rytų yra vakarai, taip Jis atitolino nuo mūsų nuodėmes.“* Taip pat Žydams 10:16-18 teigiama: *„Štai Sandora, kurią su* *jais sudarysiu, praslinkus anoms dienoms, – sako Viešpats: – ,Aš įdėsiu savo įstatymus į jų širdis ir juos įrašysiu jų mintyse, ir jų nuodėmių bei jų nedorybių daugiau nebeprisiminsiu.' O kur jos atleistos, ten nebereikia atnašos už nuodėmę."*

Pasaulyje nėra nieko, ką galima būtų palyginti su Dievo vaiko teisėmis, duotomis per tikėjimą. Šiame pasaulyje karaliaus arba prezidento vaikai turi daug ką galinčias teises. Kokios gi didžios yra Dievo Kūrėjo, kuris valdo pasaulį ir žmonijos istoriją bei visatą, teisės?

Dievas nelaiko to tikru tikėjimu, jei jūs tik teigiate: „Jėzus yra Išgelbėtojas." Jūs turėtumėte suprasti, kas yra Jėzus Kristus, kodėl Jis vienintelis yra jūsų Išgelbėtojas, ir tuo pagrindu turėti tikrą tikėjimą. Taigi, tuo tikru tikėjimu jūs galite suprasti Dievo planą, slypintį kryžiuje ir išpažinti: „Viešpats yra Kristus ir gyvojo Dievo Sūnus." Be to, jūs galite gyventi pagal Dievo valią. Neturint šio tikro tikėjimo labai sunku turėti iš širdies besiskleidžiantį tikėjimą ir gyventi pagal Dievo Žodį. Todėl, kaip Jėzus mums ir pasakė Mato 7:21: *„Ne kiekvienas, kuris man sako: ,Viešpatie, Viešpatie!', įeis į dangaus karalystę, bet tas, kuris vykdo valią mano Tėvo, kuris yra danguje."* Jėzus atvirai pasakė, kad tik tie, kurie Jėzų vadina „Viešpatie, Viešpatie" ir gyvena pagal Dievo Žodį ir valią, bus išgelbėti.

Jokio kito vardo žemėje, tik „Jėzaus Kristaus" vardas

Apaštalų darbų 4 parodo mums sceną, kur Petras ir Jonas drąsiai liudija apie Jėzaus Kristaus vardą prieš Sinedrioną. Jie nuoširdžiai tikėjo, kad nėra jokio kito vardo, tik „Jėzus Kristus," per kurį žmogus gali išsigelbėti, tad Petras, pripildytas Šventosios Dvasios, buvo įgaliotas paskelbti: „*Ir nėra niekame kitame išgelbėjimo, nes neduota žmonėms po dangumi kito vardo, kuriuo turime būti išgelbėti*" (Apaštalų Darbų 4:12). Kokios gi dvasinės prasmės glūdi „Jėzaus Kristaus" varde? Ir kodėl Dievas nedavė mums jokio kito vardo, tik Jėzaus Kristaus, per kurį mes turime pasiekti išgelbėjimą?

Skirtumas tarp „J zus" ir „J zus Kristus"

Apaštalų Darbų 16:31 yra parašyta: „*Jie atsakė: „Tikėk Viešpatį Jėzų Kristų ir būsi išgelbėtas tu ir tavo namai.*'" Tai yra labai svarbu, kodėl ne paprasčiausiai „Jėzų," bet „Jėzų Kristų."

Čia „Jėzus" reiškia žmogų, kuris išgelbės Savo žmones iš jų nuodėmių. „Kristus" yra graikiškas žodis, reiškiantis „Mesijas" hebrajų kalboje. Tai yra „tas, kuris buvo pateptas" (Apaštalų darbų 4:27) ir reiškia Išgelbėtoją, kuris yra tarpininkas tarp žmonių ir Dievo. Taigi, „Jėzus" yra būsimojo išgelbėtojo vardas, bet „Kristus" – Išgelbėtojo, jau išgelbėjusio žmones, vardas.

Senojo Testamento dienomis Dievas patepdavo žmogų, turėsiantį būti karaliumi arba kunigu, arba pranašu. Ant jo galvos būdavo išliejamas aliejus (Kunigų 4:3; 1 Samuelio 10:1; 1 Karalių 19:16). Aliejus simbolizavo Šventąją Dvasią. Taigi, kieno nors patepimas reiškia Dievo išrinktam žmogui duoti Šventosios Dvasios. Jėzus buvo pateptas kaip Karalius, Aukščiausias Kunigas ir Pranašas. Jis kūne atėjo į šį pasaulį, kad išgelbėtų visus žmones pagal Dievo planą, paskirtą dar prieš laiko pradžią. Jis buvo nukryžiuotas, kad mus atpirktų ir, prisikėlęs trečią dieną, taptų mūsų Išgelbėtoju. Taigi, Jis yra Išgelbėtojas, išpildęs Dievo išgelbėjimo planą. Vadinasi, Jis yra Kristus.

Kai kalbame apie Jėzų iki nukryžiavimo, vadiname Jį tik „Jėzumi." Tačiau po Jo nukryžiavimo ir prisikėlimo, į Jį jau kreipiamės kaip į „Jėzų Kristų," „Viešpatį Jėzų," arba „Viešpatį."

Turėtumėte žinoti, kad tarp „Jėzaus" ir „Jėzaus Kristaus" yra didžiulis skirtumas, galios skirtumas. Jėzumi Jis vadinamas dar iki išgelbėjimo plano įvykdymo ir priešas velnias ne labai bijo to vardo. Tačiau „Jėzaus Kristaus" vardas reiškia štai ką: kraują, išpirkusį mus iš mūsų nuodėmių, prisikėlimą, nuvertusį mirties valdžią, ir amžinąjį gyvenimą. Priešas velnias dreba iš baimės prieš šitą vardą.

Daug žmonių neigia šį faktą, kadangi nesupranta to skirtumo. Tačiau tiesa yra ta, kad Dievo darbas ir atsakymas skirsis, priklausomai nuo to, kokiu vardu jūs kreipsitės (Apaštalų darbų 3:6).

Kai, turėdami omenyje šį faktą, meldžiatės Dievui mūsų Viešpaties Jėzaus Kristaus vardu, jūsų gyvenimas bus pergalingas, kupinas greitų ir gausių atsakymų iš jūsų Visagalio Dievo.

Visiškas J zaus paklusnumas

Nors Jėzus tikra Savo prigimtimi buvo Dievas, Savo lygiateisiškumą su Dievu Jis nelaikė suvokiamu dalyku, todėl netrimitavo apie Savo teises. Jis Savęs niekuo ypatingu nelaikė, Jis nuolankiai pasirinko vergo vietą ir pasirodė žmogaus kūno pavidalu. Geras tarnas neturi savo paties valios. Jis dirba vykdydamas savo šeimininko valią, o ne savo valią. Tarno pareiga – paklusti savo šeimininko valiai, nesvarbu, ar tai atitinka jo valią, jo jausmus, ar ne. Jėzus gero tarno širdimi pakluso Dievo valiai, todėl galėjo įvykdyti žmonijos išgelbėjimo misiją.

Jėzų, kuris pakluso Dievo valiai, sakydamas „taip" ir „amen," Dievas išaukštino iki pačių aukštumų ir leido daugybei žmonių išpažinti Jį Viešpačiu.

Todėl Dievas Jį labai išaukštino ir suteikė Jam vardą aukščiau visų kitų vardų, kad Jėzaus vardui priklauptų kiekvienas kelis danguje, žemėje ir po žeme ir kiekvienos lūpos Dievo Tėvo šlovei išpažintų, kad Jėzus Kristus yra Viešpats. (Filipiečiams 2:9-11).

Vardas „Viešpats J zus" liudija apie Dievo J g

Jono 1:3 yra sakoma: „*Visa per Jį atsirado, ir be Jo neatsirado nieko, kas yra atsiradę.*" Viskas žemėje buvo sukurta per Jėzų, Jis turi valdžią valdyti viską žemėje kaip Kūrėjas. Jėzui, Dievo Kūrėjo Sūnui paliepus, negyvi dalykai, pavyzdžiui, stiprus vėjas ir bangos Jam pakluso ir nurimo, o figmedis tuojau sudžiuvo, kai tik Jis jį prakeikė.

Jėzus turėjo valdžią atleisti nuodėmes ir gelbėti nusidėjėlius iš bausmių už jų nuodėmes. Taigi paralyžiuotajam žmogui Jėzus pasakė Mato 9:2: *„Būk drąsus, sūnau, tavo nuodėmės atleistos!"*, o 6 eilutėje tarė: *„Ir todėl, kad žinotumėte Žmogaus Sūnų turint galią žemėje atleisti nuodėmes, – čia Jis kreipėsi į paralyžiuotąjį: – Kelkis, pasiimk savo gultą ir eik namo!"* Be to, Jėzus turėjo galią gydyti įvairiausias ligas bei negales, prikelti mirusius. Jono 11 aprašoma scena, kurioje miręs Lozorius, kai Jėzus sušuko garsiu balsu „Lozoriau, išeik," išėjo iš kapo. Jo rankos ir kojos buvo apvyniotos laidojimo aprišalais. Jis jau keturias dienas buvo miręs ir dvokė, tačiau iš kapo išėjo kaip sveikas žmogus.

Taip pat ir Jėzus duoda jums visko, ko tikėdami paprašote, nes Jis turi nuostabią Dievo jėgą.

J zus Kristus – Dievo Meil

Kaip yra parašyta 1 Jono 4:10: *„Meilė – ne tai, jog mes pamilome Dievą, bet kad Jis mus pamilo ir atsiuntė savo Sūnų kaip permaldavimą už mūsų nuodėmes,"* Dievas parodė mums nuostabią meilę. Jis siuntė Savo vienintelį Sūnų kaip atpirkimo atnašą, kai mes visi dar buvome nusidėjėliai. Dievas turėjo iškęsti didžiulį skausmą ir atvėrė žmonijai išgelbėjimo kelią, kai Jo Sūnus Jėzus Kristus buvo prikaltas prie kryžiaus ir praliejo kraują. Ką jautė meilės Dievas, kai turėjo žiūrėti į Savo vienintelį Sūnų Jėzų nukryžiuotą? Žiūrėdamas į tai, Dievas net negalėjo ramiai sėdėti ant Savo sosto. Mato 27:51-54 yra aprašyta, kaip smarkiai kentėjo Dievas, kai Jėzus buvo nukryžiuotas.

Ir štai šventyklos uždanga perplyšo pusiau nuo viršaus iki apačios, ir žemė sudrebėjo, ir uolos ėmė skeldėti. Atsidarė kapai, ir daug užmigusių šventųjų kūnų prisikėlė. Išėję iš kapų po Jo prisikėlimo, jie atėjo į šventąjį miestą ir daug kam pasirodė. Šimtininkas ir kiti su juo saugojantys Jėzų, pamatę žemės drebėjimą ir visa, kas dėjosi, labai išsigando ir sakė: „Tikrai šitas buvo Dievo Sūnus!"

Tai mums aiškiai parodo, kad Jėzus buvo nukryžiuotas ne dėl savo paties nuodėmių, bet dėl Dievo meilės, vedančios visus žmones į išgelbėjimo kelią. Tačiau, daugybė žmonių nepriima ir nesupranta šios nuostabios Dievo meilės.

Adomui nepaklusus Dievui, žmonės nebegalėjo būti su Dievu ir tapo nuodėmingos prigimties žmonėmis. Tačiau Jėzus atėjo į žemę ir tapo Tarpininku tarp Dievo ir mūsų, kad galėtų Emanuelio palaiminimus duoti visiems žmonėms (Mato 1:23). Per Jėzaus skausmą ir kančias ant kryžiaus mes gauname tikrą ramybę ir poilsį.

Todėl aš tikiuosi, kad jūs suprantate didžią Dievo, atidavusio Savo vienintelį Sūnų kaip išpirką, kad atpirktų mus iš nuodėmių ir amžinos mirties, meilę ir pasiaukojančią Viešpaties meilę. Nors Jis buvo nepriekaištingas, tačiau dėl mūsų buvo nukryžiuotas ir atvėrė išgelbėjimo kelią.

6 Skyrius

KRYŽIAUS PLANAS

- Gimęs tvarte ir paguldytas ėdžiose
- Vargingas Jėzaus gyvenimas
- Iščaižytas ir sruvantis krauju
- Dėvintis erškėčių vainiką
- Jėzaus drabužiai ir tunika
- Pervertos rankos ir kojos
- Jėzaus kojos nesulaužytos,
  bet pervertas Jo šonas

„Tikrai jis nešė mūsų negalias ir sau pasiėmė mūsų skausmus. O mes laikėme jį nubaustu, Dievo ištiktu ir pažemintu. Jis buvo sužeistas už mūsų kaltes ir sumuštas už mūsų nuodėmes. Bausmė dėl mūsų ramybės krito ant jo; jo žaizdomis esame išgydyti. Mes visi buvome paklydę kaip avys, kiekvienas ėjome savo keliu. Bet Viešpats uždėjo ant jo visus mūsų nusikaltimus. "

Izaijo 53 :4-6

Dievo tikrų vaikų atradimo plane svarbiausia dalis yra Jėzaus atėjimas į šį pasaulį kūne, Jo išgyventi įvairūs kentėjimai ir mirtis ant kryžiaus. Per visa tai Jis užbaigė žmonių išgelbėjimo kelią. Dievo kryžiaus planas turi gilią dvasinę prasmę. Jėzus, Dievo vienintelis Sūnus, paliko dangaus šlovę, gimė gyvulių garde ir visą Savo gyvenimą gyveno skursdamas.

Be to, Jis buvo plakamas, Jo rankos ir kojos buvo pervertos, Jam buvo uždėtas erškėčių vainikas ir Jis liejo Savo kraują ir vandenį, kadangi ietimi buvo pervertas Jo šonas. Kiekviena kančia, kurią patyrė Jėzus, yra persmelkta neaprėpiamos Dievo meilės.

Kai jūs pilnai suprasite dvasinę kryžiaus ir Jėzaus kentėjimų prasmę, jūsų širdis tikrai bus paliesta Dievo meilės, ir jūs turėsite tikrą tikėjimą. Be to, jūs galėsite gauti atsakymus visoms savo gyvenimo negandoms, tokioms, kaip skurdas ar ligos, ir dangiškajai karalystei.

Gimęs tvarte ir paguldytas ėdžiose

Jėzus, tikra prigimtimi buvo Dievas, visa ko žemėje ir danguje valdovas, ir pati šlovingiausia būtybė. Tačiau Jis į šį pasaulį atėjo kūne, kad atpirktų žmoniją iš nuodėmių ir atvestų juos į išgelbėjimą.

Jėzus yra vienas ir vienintelis Visagalio Dievo Kūrėjo Sūnus. Tad kodėl gi Jis negimė kokioje nors prabangioje vietoje, ar bent jaukiame kambaryje? Ar Dievas negalėjo Jo gimimui parūpinti kokios nors nuostabios vietos? Kodėl Jėzus turėjo gimti tvarte ir būti paguldytas ėdžiose? Tame yra gili dvasinė prasmė. Jūs turėtumėte žinoti, kad dvasiškai Jėzus buvo gimęs pačiu šlovingiausiu būdu. Nors žmogiškosiomis akimis to pamatyti buvo neįmanoma, Dievas buvo toks patenkintas Jėzaus gimimu, kad Jis didelio dangiškųjų pulkų ir angelų būrio apsuptyje suko aplink kūdikį Jėzų šlovingas šviesas. Iš Luko 2:14 galite pajausti Jo susižavėjimą: „*Šlovė Dievui aukštybėse, o žemėje ramybė ir palankumas žmonėms!*" Dievas taip pat paruošė gerus piemenis bei Rytų išminčius, ir atvedė juos pagarbinti Jėzaus.

Visas šis šlovinimas ir garbinimas vyko todėl, kad Jėzus Savo atėjimu į pasaulį atvers išgelbėjimo duris ir daugybė žmonių įžengs į amžiną dangų, kaip Dievo vaikai, o Jėzus, Dievo Sūnus, bus karalių Karaliumi ir viešpačių Viešpačiu.

Dievo sumanymas, pasl ptas J zaus gimime

Kai gimė Jėzus, ciesorius Augustas davė įsaką rinkti mokesčius iš visos Romos imperijos gyventojų. Žydai tuo metu buvo pavergti Romos imperijos, todėl vyko į savo gimtuosius miestus surašymui, kaip buvo ciesoriaus paliepta.

Taip pat ir Juozapas su savo sužadėtine Marija keliavo iš Galilėjos miesto Nazareto į Betliejų, Dovydo miestą, nes priklausė Dovydo giminei. Marija buvo pasižadėjusi Juozapui ir, prieš jiems ten nuvykstant, tapo nėščia nuo Šventosios Dvasios. Jų viešnagės toje vietoje metu ji pagimdė pirmagimį Jėzų.

„Betliejaus" pavadinimas reiškia „Duonos namai" ir šis miestas buvo karaliaus Dovydo gimtuoju miestu (1 Samuelio 16:1). Štai kas yra parašyta apie Betliejaus miestą Michėjo 5:2: „*O tu, Efrata – Betliejau, nors esi mažas tarp Judo miestų, bet iš tavęs kils Tas, kuris bus valdovu Izraelyje. Jo kilmė siekia pradžios laikus, amžinybės dienas.*" Apie Betliejų buvo pranašauta kaip apie Mesijo gimimo vietą.

Tuo metu Marijai ir Juozapui nebuvo vietos nei vienoje užeigoje, kadangi tūkstančiai žmonių buvo atvykę į Betliejų surašymui. Marija pagimdė savo kūdikį tvarte. ji suvystė jį vystyklais ir paguldė ėdžiose, pailgoje dėžėje, skirtoje maitinti karves arba arklius.

Tad kodėl gi Jėzus, kuris atėjo kaip visų žmonių Išgelbėtojas, gimė tokiu kukliu ir nuolankiu būdu?

Kad atpirkt gyv nus panašius žmones

Eklesiasto 3:18 parašyta: „*Aš galvojau savo širdyje apie žmones: Dievas bando juos ir leidžia jiems suprasti, kad jie patys iš savęs tėra gyvuliai.*" Žmonės, netekę Dievo panašumo, Jo akyse yra tarsi gyvuliai. Iš pradžių Adomas buvo gyva siela, sukurta pagal Dievo atvaizdą. Taip pat jis buvo dvasios žmogus, nes Dievas jį mokino tik tiesos Žodžio.

Tačiau Adomas, nusižengdamas Dievo paliepimui, suvalgė gero ir blogo pažinimo medžio vaisių, todėl mirė jo dvasia ir jis daugiau nebegalėjo bendrauti su Dievu. Be to, jis jau nebebuvo visos kūrinijos viešpačiu. Šėtonas išprovokavo Adomą sekti nuodėminga prigimtimi, ir jo tyra ir teisi širdis virto nešvaria ir neteisia širdimi.

Savo kasdieniniame gyvenime kartais jūs tikriausiai girdite tokį posakį: „Jis nė kuo ne geresnis už gyvulį." Per žiniasklaidą jūs dažnai girdite apie žmones, kurie nėra geresni už gyvulius. Dėl savo pačių naudos jie lengvai suvilioja ir apgauna savo kaimynus, klientus, draugus ir šeimos narius. Tėvai ir vaikai nekenčia vieni kitų, ir kartais, atrodo, galėtų vieni kitus nužudyti.

Žmonės gali daryti tokias piktybes, nes mirė jų dvasia ir siela tapo žmogaus šeimininke bei dėl savo nuodėmių žmonės neteko Dievo panašumo. Panašiai, kaip gyvūnai, kurie turi tik sielą ir kūną, tokie žmonės negali nei įžengti į dangų, nei vadinti Dievo „Aba Tėve." Jėzus gimė tvarte, kad atpirktų žmones, kurie nėra geresni už gyvulius.

J zus yra tikras dvasinis maistas

Jėzus buvo paguldytas ėdžiose, arklių maisto dėžėje, kad būtų tikru dvasiniu maistu žmonėms, kurie nė kuo ne geresni už gyvulius (Jono 6:51).

Kitaip tariant, tai buvo dieviškas planas vesti žmones į išbaigtą išgelbėjimą, iš naujo suteikiant jiems prarastą Dievo panašumą, kad jie pilnai įvykdytų žmonių pareigas. Kokios gi yra tos žmonių pareigos? Ekleziasto 12:13-14 atveria mums supratimą:

Paklausykime, kokią galima padaryti išvadą: bijok Dievo ir vykdyk Jo įsakymus, nes tai yra viskas kiekvienam žmogui. Nes Dievas teis visus darbus ir visus paslėptus dalykus – gerus ir blogus.

Ką reiškia „bijoti Dievo?" Patarlių 8:13 teigiama: „*Viešpaties baimė – nekęsti pikto."* Taigi, nekęsti pikto reiškia nebepriimti blogio ir tuo pačiu metu išmesti bet kokį blogį iš savo širdies.

Jei jūs iš tiesų bijote Dievo, jūs iš visų jėgų turėtumėte stengtis atsikratyti bet kokio blogio, kovoti su nuodėme ir atsikratyti jos, net, jei reikėtų lieti savo kraują. Kaip studentai, kurie visas jėgas atiduoda mokslui, kad užtikrintų sau gerą ateitį, jūs turėtumėte iš visų jėgų stengtis bijoti Dievo ir pilnai atlikti žmogaus pareigą, kad galėtumėte mėgautis Dievo meile ir palaiminimais.

Biblijoje randame Dievo Savo vaikams duotus nurodymus, kaip pavyzdžiui: „daryk tai," „nedaryk to," „laikykis to," ir „atsikratyk to." Viena vertus, Dievas sako mums tai, ką Dievo vaikai turi daryti: melstis, mylėti, dėkoti ir daug viso kito. Kita vartus, Dievas liepia mums nedaryti dalykų, kurie veda į mirtį, pavyzdžiui: neapykanta, svetimavimas, girtavimas.

Jis taip pat sako mums paklusti tam tikriems paliepimams, pavyzdžiui: „Švęsk sabato dieną," „tesėk savo pažadus" ir panašiai. Dievas taip pat ragina mus atsikratyti kenksmingų dalykų, sakydamas: „venk bet kokio blogio," „atsikratyk savo godumo," ir taip toliau.

Bijoti Dievo ir laikytis Jo įsakymų – tai žmogaus pareigos. Teismo dieną kiekvienas iš mūsų duosime ataskaitą už visus savo darbus, kiekvieną slaptą dalyką, geras jis arba blogas bebūtų.

Taigi, jei jūs gyvenate kaip gyvuliai, pilnai neišpildydami žmogaus pareigos, aišku, kad, Dievo teismo pasekoje, jūs būsite įmesti į pragarą.

Lygiai taip pat ir Jėzus gimė tvarte, buvo paguldytas ėdžiose, kad atpirktų žmones, kurie nė kuo ne geresni už gyvulius, ir, kad taptų tikru dvasiniu jų maistu.

Vargingas Jėzaus gyvenimas

Jono 3:35 yra sakoma: „*Tėvas myli Sūnų ir visa yra atidavęs į Jo rankas.*" Kolosiečiams 1:16 skaitome: „*Nes Juo sutverta visa, kas yra danguje ir žemėje, kas regima ir neregima; ar sostai, ar viešpatystės, ar kunigaikštystės, ar valdžios, – visa sutverta per Jį ir Jam.*" Kitais žodžiais, Jėzus yra vienintelis Dievo Kūrėjo Sūnus ir visų dalykų žemėje ir danguje Viešpats.

Kodėl gi tuomet Jis atėjo į šį pasaulį tokiu kukliu ir nuolankiu būdu ir gyveno skurde, nors tikra esybe buvo Visagalis Dievas, ir visais atžvilgiais buvo turtingas?

Kad išpirkt žmones iš skurdo

2 Korintiečiams 8:9 parašyta: „*Nes jūs pažįstate mūsų Viešpaties Jėzaus Kristaus malonę, jog Jis, būdamas turtingas, dėl jūsų tapo vargšu, kad jūs per Jo neturtą taptumėte turtingi.*" Čia parodomas Dievo nuostabios meilės sumanymas. Jėzus, nors buvo karalių Karalius ir viešpačių Viešpats, ir vienintelis Dievo Kūrėjo Sūnus, paliko dangaus šlovę, atėjo į šį

pasaulį, gyveno skurde, kęsdamas panieką ir blogą žmonių, kuriuos Jis atėjo atpirkti, elgesį.

Pradžioje Dievas sukūrė žmogų, kad jis valgytų vaisius nevargdamas, kad mėgautųsi pertekusiu gyvenimu, neturėdamas alinančiai dirbti. Tačiau, po to, kai pirmas žmogus Adomas nepakluso Dievo Žodžiui ir puolė, žmogus gali valgyti tik savo prakaito dėka. Dėl to dažnai žmonės gyvena nepritekliuje ir skurde.

Savaime skurdas nėra nuodėmė, todėl Jėzus kraują liejo ne tam, kad atpirktų mus iš skurdo. Tačiau skurdas yra Adomo nepaklusnumo Dievui pasekos prakeikimas, todėl Jėzus, gyvendamas skurde, padarė jus turtingais.

Yra sakančių, kad Jėzų visą gyvenimą lydėjęs skurdas reiškia dvasinį skurdą. Tačiau, kadangi Jėzus buvo pradėtas nuo Šventosios Dvasios ir yra viena su Dievu Tėvu, neteisinga manyti, kad Jis buvo dvasiškai vargšas.

Turėtumėte atminti, kad Jėzus gyveno nepritekliuje, kad išpirktų jus iš skurdo ir jūs, dėkodami Dievui už Jo meilę ir malonę, galėtumėte gyventi visa ko pertekę.

Kai kurie sako, kad neteisinga maldoje prašyti pinigų. Kiti mano, kad, jei esi krikščionis, turi gyventi skursdamas. Tačiau tai visai nėra Dievo valia.

Biblijoje randame daugybę palaiminimo Žodžių. Pavyzdžiui, Pakartotojo Įstatymo 28:2-6 skaitome:

Visi šie palaiminimai ateis ir pasivys tave, jei klausysi Viešpaties, savo Dievo, balso. Palaimintas tu būsi mieste ir palaimintas tu būsi lauke. Palaimintas bus tavo kūno vaisius, tavo žemės derlius, tavo bandų, galvijų ir avių prieauglis. Palaimintos bus tavo klėtys ir atsargos. Palaimintas būsi įeidamas ir palaimintas būsi išeidamas.

3 Jono 1:2 skaitome perspėjimą: *„Mylimasis, aš meldžiu, kad tau visame kame gerai sektųsi, kad būtum sveikas, – taip, kaip gerai sekasi tavo sielai."* Iš tiesų, Dievo išrinktieji vyrai, tokie, kaip Abraomas, Izaokas, Jokūbas, Juozapas ir Danielius gyveno labai pasiturinčiai.

Kad gyventum te turtingai

Kadangi Dievas yra teisingas, Jis leidžia jums pjauti tai, ką jūs sėjate. Kaip tėvai nori savo vaikams duoti tik gerų dalykų, Dievas jums nori duoti viską, ko tik jūs tikėdami maldoje Jo prašote (Morkaus 11:24).

Dievas nori jums duoti atsakymus ir palaiminimus, tačiau jūs negalite nieko gauti, jeigu neprašote, arba prašote, neturėdami įžvalgumo. Tad, jeigu jūs ketinate kažką pjauti nieko nepasėję, jūs išjuokiate Dievą ir einate prieš dvasinį įstatymą.

Kai kurie žmonės sako: „Aš norėčiau kažką pasėti, bet negaliu, nes esu vargšas." Tačiau Biblijoje mes matome daugybę pavyzdžių, kai neturtingi žmonės iš visų jėgų stengėsi sėti ir jiems buvo gausiai atlyginta palaiminimais.

1 Karalių 17 skyriuje skaitome, kad šalyje buvo trijų su puse metų badas. Kai našlė iš Sarepto, Sidono krašto, iškepė tris mažus

duonos paplotėlius Elijui iš saujos miltų statinaitėje ir truputėlio aliejaus puodelyje, visko, ką turėjo, vis dar buvo badas. Dievas buvo toks patenkintas, kad ji patarnavo Jo tarnui, jog ją apsčiai palaimino: miltai statinaitėje nesibaigė ir puodelyje aliejaus nesumažėjo iki tos dienos, kol Viešpats žemei davė lietų (1 Karalių 17:14).

Jėzaus dienomis, kažkokia proga viena varginga našlė į šventyklos iždą paaukojo dvi mažos vertės monetas, kurių vertė buvo tik keli skatikai. Nepaisant to, Jėzus jai pasakė, kad ta vargšė našlė paaukojo daugiau, negu visi kiti. Tai įvyko dėl to, kad ji paaukojo iš savo nepriteklius ir įdėjo viską – viską, ką turėjo, kai kiti duodavo tik dalį savo turtų (Morkaus 12:42-44).

Svarbiausia yra jūsų nusistatymas atiduoti viską Dievui. Dievas nemato jūsų paaukojimų kiekio, bet jam yra malonus to paaukojimo meilės ir tikėjimo aromatas, ir Jis apsčiai jus palaimina.

Iščaižytas ir sruvantis krauju

Prieš nukryžiavimą romėnų kareiviai juokėsi ir tyčiojosi iš Jėzaus, mušdami Jį į veidą ir spjaudydami į Jį, ir taip toliau. Jie taip pat čaižė Jėzų rimbais, ilgais odiniais diržais su ant jų pritvirtintais švininiais kabliukais.

Tais laikais romėnų kareiviai buvo patys tvirčiausi, geriausiai disciplinuoti ir stipriausi visame pasaulyje. Koks aštrus turėjo būti tas skausmas, kai jie Jį išrengė ir plakė? Kai jie pliekdavo Jam rimbu, Jo kūnas būdavo plėšomas, matydavosi Jo kaulai ir sruvėjo kraujas.

Išpildydamas Izaijo pranašystę: *„Aš leidausi mušamas ir tąsomas, neslėpiau veido nuo mane plūstančių ir į mane spjaudančių"* (Izaijo 50:6), Jėzus nevengė būti mušamas.

Kad pagydyt ligas bei negales

Tad kodėl gi Jėzus buvo plakamas rimbais ir liejo Savo kraują? Kodėl Dievas leido, kad tai atsitiktų Jo Sūnui? Izaijo 53 paaiškina mums Jo kentėjimų ir skausmų tikslą.

Jis buvo sužeistas už mūsų kaltes ir sumuštas už mūsų nuodėmes. Bausmė dėl mūsų ramybės krito ant jo; jo žaizdomis esame išgydyti. Mes visi buvome paklydę kaip avys, kiekvienas ėjome savo keliu. Bet Viešpats uždėjo ant jo visus mūsų nusikaltimus. (Izaijo 53:5-6).

Jėzus buvo pervertas ir sulaužytas dėl mūsų nuodėmes ir neteisumą. Jis buvo nubaustas, plakamas ir kraujavo, kad duotų jums ramybę ir išlaisvintų iš visų ligų.

Mato 9 skyriuje, kai Jėzus išgydė paralyžiuotą, gulintį ant gulto, pirma Jis išsprendė jo nuodėmės problemą, sakydamas: *„Tavo nuodėmės atleistos"* (2 eil.). Tik tuomet Jėzus pasakė jam: *„Kelkis, pasiimk savo gultą ir eik namo!"* (6 eil.).

Jono 5 skyriuje Jėzus išgydė žmogų, trisdešimt aštuonis metus buvusį invalidu. Jis jam pasakė: *„Štai tu esi pasveikęs. Daugiau nebenusidėk, kad neatsitiktų tau kas blogesnio!"* (Jono 5:14).

Biblijoje pasakyta, kad jūs esate pavergiami ligų dėl savo

nuodėmių. Taigi, jums reikia kažko, kas gali išspręsti jūsų nuodėmės problemą, kad jūs būtumėte laisvi nuo ligų. Be kraujo praliejimo negali būti atleidimo (Kunigų 17:11).

Todėl Sename Testamente, kai kas nors nusidėdavo, kunigas užmušdavo gyvūną, kaip atperkančiąją auką. Tačiau jums nebereikia aukoti gyvūnų, kadangi Jėzus atėjo į šį pasaulį kūne ir praliejo Savo nekaltą, nesutepą ir galią turintį kraują. Šventas Jėzaus kraujas buvo atnašaujamas už visas praeities, dabarties ir net ateities žmonių nuodėmes.

Kad pasiimt m s negalias ir ligas

Mato 8:17 parašyta: *„Kad išsipildytų, kas buvo pasakyta per pranašą Izaiją: Jis pasiėmė mūsų negalias ir nešė mūsų ligas."* Taigi, jei jūs žinote, kodėl Jėzus buvo plakamas ir liejo Savo kraują, ir tuo tikite, jums nebūtina kentėti nuo ligų ir negalių.

1 Petro 2:24 skaitome: *„Jis pats savo kūne užnešė mūsų nuodėmes ant medžio, kad mirę nuodėmėms, gyventume teisumui. Jo žaizdomis jūs buvote išgydyti."* Būtasis kartinis laikas čia yra panaudotas dėl to, kad Jėzus jau atpirko visų žmonių nuodėmes.

Nežiūrint to, jog žmonės skelbiasi tikį tuo faktu, kad Jėzus, plakamas ir kraujuojantis, nešė jų ligas bei negales, kodėl vis tik kai kurie iš mūsų kenčia nuo ligų?

Išėjimo 15:26 Dievas sako: Jis sakė: *„Jei atidžiai klausysi Viešpaties, savo Dievo, ir darysi, kas teisu Jo akyse, kreipsi dėmesį į Jo įsakymus ir laikysiesi visų Jo nuostatų, tai ant* *tavęs neužleisiu nė vienos tų nelaimių, kurias užleidau ant egiptiečių, nes Aš esu Viešpats, tavo gydytojas."* Tai reiškia, kad, jei jūs darysite tai, kas yra teisinga Dievo akyse, jokia liga jūsų nepalies, nes Dievas Savo kaip liepsnojanti ugnis akimis saugo jus nuo jų.

Paimkime pavyzdį. Kai vaikas sugrįžta namo verkdamas, nes buvo sumuštas kaimynų vaiko, tėvų reakcija į šį incidentą gali būti labai skirtinga, priklausomai nuo jų tikėjimo.

Vieni gali mokinti savo vaikus taip: „Kodėl tu visą laiką leidiesi sumušamas? Jei vieną kartą gavai, tai turi jam duoti atgal du ar tris kartus." Kiti tėvai gali nueiti pas jų vaiką sumušusio vaiko tėvus ir jiems pasiskųsti. Kiti tėvai gali nespręsti tos problemos nei vienu, nei kitu būdu, tačiau širdyje liks susierzinę ir pasipiktinę.

Tačiau, Dievas liepia mums nugalėti piktą gerumu, mylėti netgi savo priešus ir siekti taikos su visais: *„O Aš jums sakau: nesipriešinkite piktam, bet, jei kas tave muštų per dešinį skruostą, atsuk jam ir kitą"* (Mato 5:39).

Todėl, kai jūs darote tai, kas yra teisinga Jo akyse, jums nesunku laikytis Jo įsakymų ir potvarkių. Kai jūs nuolat meldžiatės ir iš visų jėgų stengiatės, Dievo malonė ir jėga nužengia ant jūsų ir jūs be vargo galite viską padaryti, padedami Šventosios Dvasios.

Jei jūs atsikratote nuodėmių ir darote tai, kas teisinga Dievo akyse, ligos negali jūsų pavergti. Net jeigu jūs susergate ligomis, Dievas Išgydytojas atleidžia jums jūsų nuodėmes ir visiškai jus išgydo, kai stengiatės išsiaiškinti tai, kas Dievo akyse yra neteisinga, ir dėl to iš visos širdies atgailaujate.

Net jeigu savo lūpomis jūs išpažįstate, kad Dievas yra visagalis, jei jūs pasitikite pasauliu ir, susirgę arba susidūrę su problema, vykstate į ligoninę, Dievas nėra jumis patenkintas, nes tai įrodo, kad deramai netikite Visagaliu Dievu (2 Kronikų 16).

Dėvintis erškėčių vainiką

Karūna iš tiesų yra skirta karaliui, dėvinčiam karališkus rūbus. Nors Jėzus buvo vienintelis Dievo Sūnus, karalių Karalius ir viešpačių Viešpats, Jis, vietoj gražios karūnos, padarytos iš aukso, sidabro ir brangakmenių, dėvėjo iš ilgų aštrių erškėčių nupintą vainiką.

Valdytojo kareiviai nusivedė Jėzų į pretorijų ir surinko aplink jį visą kuopą. Jie išrengė Jį ir apsiautė raudonu apsiaustu. Nupynę erškėčių vainiką, uždėjo Jam ant galvos, o į Jo dešinę įspraudė nendrę. Po to tyčiodamiesi klūpčiojo prieš Jį ir sakė: ,,Sveikas, žydų karaliau!" Spjaudydami Jį, stvėrė iš Jo nendrę ir čaižė per galvą. (Mato 27:27-30).

Romėnų kareiviai susuko erškėčius kartu, kad padarytų per mažą Jėzui vainiką, ir tvirtai uždėjo jį Jam ant galvos. Todėl erškėčiai dūrė jam galvą ir kaktą, kraujas tekėjo Jo veidu. Kodėl Visagalis Dievas leido, kad Jo vieninteliam Sūnui būtų uždėtas erškėčių vainikas, kad Jis kentėtų didžiulį skausmą ir lietų Savo kraują?

Pirma: J zus d v jo eršk i vainik , kad atpirkt mus
iš nuod mi , kurias mes darome savo mintimis.

Kai Dievo sutvertas žmogus bendravo su Juo ir klausė Jo
Žodžio, jis nedarė nuodėmių, nes jo mintys visuomet atitiko
Dievo valią ir Jam pakluso.

Tačiau, kai jis buvo sugundytas gyvatės ir priėmė šėtono
duotą mintį, tuojau padarė nuodėmę. Anksčiau jis niekuomet
net nemanė valgyti gėrio ir blogio pažinimo medžio vaisių. Po
to, kai buvo sugundytas, jis jį valgė, nes jis jam pasirodė esąs
tinkamas maistui ir malonus akiai, o taip pat patrauklus, nes
duotų išmintį.

Šėtonas, panašiai, kaip jis palenkė Adomą ir Ievą nepaklusti
Dievui, dabar darbuojasi, kad palenktų jus daryti nuodėmes jūsų
mintyse.

Žmogaus smegenyse yra ląstelės, atsakingos už atmintį. Nuo
pat gimimo, viskas, ką jūs matote, girdite ir išmokstate, jūsų
ypatingų įvykių, žmonių ir informacijos jausmais yra įdiegiama
jūsų atminties ląstelėms. Tai mes vadiname „žiniomis." Šių
sukauptų žinių atkūrimą per jūsų sielos darbą mes vadiname
„mintimis."

Žmonės auga skirtingoje aplinkoje. Ką mato, girdi ir ko
išmoksta vieni ir kas įrašyta į jų smegenis, skiriasi nuo kitų
žmonių patyrimo. Net jeigu jie būtų matę, girdėję ir išmokę tų
pačių dalykų, kiekvienas tuo pačiu metu patiria skirtingus
jausmus, taigi, neišvengiamai jų vertybės skiriasi.

Dievo Žodis dažnai skiriasi nuo mūsų pačių žinių ir teorijų. Pavyzdžiui, jei jūs manote, kad jūs turite būti išaukštintas, jūs griebsitės visų įmanomų būdų, kad laimėtumėte prieš kitus. Tačiau Dievas moko, kad kiekvienas, kuris nusižemina, bus išaukštintas (Mato 23:12).

Dauguma žmonių mano, kad yra labai natūralu nekęsti savo priešų. Bet Dievas sako jums: „Mylėkite savo priešus" ir „Jei tavo priešas alksta, pavalgydink jį, jei trokšta – pagirdyk."

Dievo mintys yra dvasiškos, o žmonių – kūniškos. Šėtonas siunčia jums kūniškas mintis ir gundo jus vengti Dievo, trukdo jums įgyti tikrą tikėjimą ir traukia jus į pasaulietiškus kelius, galiausiai privesdamas prie nuodėmės ir amžinos mirties.

Mato 16:21 ir tolesnėse eilutėse Jėzus pradėjo aiškinti savo mokiniams, kad turės daug iškentėti, būti nužudytas ir trečią dieną prisikelti. Tada Petras, pasivadinęs Jį į šalį, ėmė drausti: *„Jokiu būdu, Viešpatie, Tau neturi taip atsitikti!"* (22 eil.) Bet Jis atsisukęs su rūstybe pasakė Petrui: *„Eik šalin, šėtone! Tu man papiktinimas, nes mąstai ne apie tai, kas Dievo, o kas žmonių."* (23 eil.) Kai Jėzus rūsčiai pasakė: „Eik šalin, šėtone," Jis turėjo omenyje ne tai, kad Petras buvo šėtonu, bet, kad tai buvo pats šėtonas, veikiantis per Petro mintis, kad sutrukdytų Dievo darbui.

Tai buvo dėl to, kad, pagal Dievo valią, Jėzus turėjo nešti kryžių žmonijai išgelbėti, tačiau Petras savo kūniškomis mintimis stengėsi Jį sulaikyti nuo Dievo valios.

Apaštalas Paulius rašo 2 Korintiečiams 10:3-6:

Nors mes gyvename kūne, kovojame ne pagal kūną.
Mūsų kovos ginklai ne kūniški, bet galingi Dieve griauti
tvirtoves. Jais mes nugalime samprotavimus ir bet kokią
puikybę, kuri sukyla prieš Dievo pažinimą, ir paimame
nelaisvėn kiekvieną mintį, kad paklustų Kristui, esame
pasiruošę nubausti kiekvieną neklusnumą, kai tik jūsų
klusnumas taps tobulas.

Jūs turėtumėte sumenkinti savo pačių argumentus ir svarstymus, kurie iškyla ir dažnai priešinasi Dievo karalystei. Paverkite kiekvieną mintį, priverskite ją paklusti Kristui, kad gyventumėte pagal tiesą, ir tuomet jūs tapsite dvasios ir tikėjimo žmogumi.

Jūs turite išmesti tą mintį, kuri jums sako, kad jūs turite suduoti kam nors du kartus, kai kas nors jums suduoda, kad nepatirtumėte negarbės, nes ta kūniška mintis yra priešinga tiesai.

Taigi, jūs turite atsikratyti visų nuodėmių, daromų jūsų mintyse. Kad nuodėmės problema būtų visiškai išspręsta, jūs visų pirma turite nusigręžti nuo kūno geismo, akių geismo ir gyvenimo išdidumo. Tai yra neteisingos mintys, kurias labai mėgsta šėtonas.

Kūno geismai, t. y. mintys, atsirandančios prote, – tai norai, priešingi Dievo valiai. Galatams 5:19-21 yra nurodyti tokie geismai:

Kūno darbai aiškūs – tai paleistuvavimas,
ištvirkavimas, netyrumas, gašlavimas, stabmeldystė,

burtininkavimas, priešiškumai, nesantaikos, pavyduliavimai, piktumai, vaidai, nesutarimai, susiskaldymai, pavydai, žmogžudystės, girtavimai, orgijos ir panašūs dalykai. Įspėju jus, kaip jau esu įspėjęs, jog tie, kurie taip daro, nepaveldės Dievo karalystės.

Jau pats noras daryti tai, ko Dievas liepia atsikratyti, yra kūno geismas.

Akių geismas reiškia, kad tas žmogus yra labai stipriai įtakojamas to, ką mato ir ką girdi, ir pradeda ieškoti to, kokie norai atsiranda jo mintyse. Kai kas nors myli pasaulį, sekdamas paskui akių geismą, tik tai jam atrodo vertinga ir jis negali pasitenkinti niekuo kitu.

Pagyrūniškos mintys žmoguje atsiranda, kai jis, vaikydamasis pasaulio malonumų, juos gauna, kad patenkintų nuodėmingo žmogaus troškimus ir savo akių geismą. Tai yra vadinama gyvenimo išdidumu.

Kad atpirktų mus iš visokio amoralumo, savivalės ir pikto, Jėzus dėvėjo erškėčių vainiką ir liejo Savo kraują. Kadangi tik tyras ir nepriekaištingas Jėzaus kraujas galėjo atpirkti mus nuo mūsų nuodėmių, Jis, dėvėdamas erškėčių vainiką ir liedamas Savo kraują, atpirko mus ir nuo visų nuodėmių, daromų mintyse.

Antra: J zus d v jo eršk i vainik , kad žmon s danguje gal t d v ti geresnius vainikus.

Kita priežastis, kodėl Jis dėvėjo erškėčių vainiką, yra ta, kad jūs danguje galėtumėte dėvėti geresnius vainikus. Kadangi Jis, gyvendamas vargingai, išpirko jus iš skurdo ir davė jums turtus, taigi ir erškėčių vainiką Jis dėvėjo, kad jūs danguje galėtumėte gauti geresnius vainikus.

Danguje Dievo vaikams yra paruošta daugybė karūnų. Ten yra apdovanojimai, tokie, kaip aukso, sidabro ir bronzos medaliai, kurie, atitinkamai jų vietos sportiniame renginyje, suteikiami laimėtojams. Panašiai ir danguje yra skirtingų karūnų.

Kaip yra aprašyta 1 Korintiečiams 9:25, yra nevystantis vainikas: *„Kiekvienas varžybų dalyvis nuo visko susilaiko; jie taip daro, norėdami gauti vystantį vainiką, o mes – nevystantį."* Nenykstantys vainikai paruošti Dievo vaikams, kurie kovoja, kad atsikratytų savo nuodėmių. Šlovės vainikas paruoštas tiems, kurie atsikrato savo nuodėmių ir gyvena pagal Dievo Žodį, ir Jį šlovina (1 Petro 5:4). Gyvenimo vainikas paruoštas tiems, kurie labai myli Dievą, yra jam ištikimi net, jei tektų už tai mirti, ir tampa šventi, išnaikindami bet kokį blogį (Jokūbo 1:12; Apreiškimų 2:10).

Teisumo vainikas suteikiamas tiems, kurie, kaip apaštalas Paulius, tapo šventi atsikratydami bet kokios nuodėmės ir pagal Dievo valią pilnai įvykdė savo misiją (2 Timotiejui 4:8).

Aprašymas taip pat yra Apreiškimo 4:4: *„Aplinkui sostą regėjau dvidešimt keturis sostus ir tuose sostuose sėdinčius dvidešimt keturis vyresniuosius baltais drabužiais, o jų galvas puošė aukso vainikai."* Aukso vainikai paruošti tiems žmonėms, kurie pasiekia vyresniųjų lygį ir atstovaus Dievą Naujojoje Jeruzalėje.

Čia „vyresnieji" nereiškia žmonių, kuriems toks titulas yra

suteiktas šio pasaulio bažnyčiose, bet žmones, kuriuos Dievas pripažino vyresniaisiais, nes jie yra šventi ir ištikimi Dievo namuose ir turi nesikeičiantį auksinį tikėjimą.

Dievas Savo vaikams suteikia skirtingas karūnas priklausomai nuo jų nuodėmių atsikratymo ir Dievo misijos įvykdymo mastų. Dievo vaikai danguje bus didūs ir gaus geresnius vainikus, jei jie nemąsto apie tai, kaip patenkinti nuodėmingos prigimties norus, ir elgiasi tinkamai, pagal Dievo Žodį (Romiečiams 13:13-14), jei jų siela su jais gerai sugyvena pagal Dvasią (Galatams 5:16), ir jei jie ištikimai atlieka savo pareigą ir misiją.

Lygiai taip pat Jėzus, dėvėdamas erškėčių vainiką ir liedamas kraują, atpirko jus iš visų nuodėmių, daromų mintyse. Kokie jūs turėtumėte būti dėkingi už tai, kad Jis danguje ruošia geresnius vainikus, kad juos jums suteiktų atitinkamai jūsų tikėjimo dalies ir jūsų misijos įvykdymo.

Taigi, jūs turėtumėte suvokti, kaip šlovinga būti vertam gauti tuos vainikus. Tuomet jūs, palikdami bet kokį blogį, gerai tvarkydamiesi savo misijos reikaluose ir būdami ištikimi Dievo namuose, užkariausite savo Viešpaties širdį. Aš tikiuosi, kad jūs danguje gausite pačius geriausius vainikus, kokius tik galite.

Jėzaus drabužiai ir tunika

Jėzus dėvėjo erškėčių vainiką. Kai buvo žiauriai plakamas, Jo kūnu sruvo kraujas. Jis atėjo į Golgotą, nukryžiavimo vietą. Kuomet romėnų kareiviai nukryžiavo Jėzų, jie paėmė Jo drabužius, padalino juos į keturias dalis, kiekvienam po dalį. Jo tunikos jie nepasidalino, bet metė dėl jo burtus.

Kareiviai, nukryžiavę Jėzų, pasiėmė Jo drabužius ir pasidalino juos į keturias dalis – kiekvienam kareiviui po dalį; pasiėmė ir tuniką. Ji buvo be siūlės, nuo viršaus iki apačios ištisai megzta. Todėl jie tarėsi: „Neplėšykime jos, bet meskime burtą, kuriam ji atiteks,“ – kad išsipildytų Raštas: „Jie pasidalijo mano drabužius tarp savęs ir dėl mano apdaro metė burtą.“ Šitaip kareiviai ir padarė. (Jono 19:23-24).

Kodėl Dievo Žodyje detaliai rašoma apie Jėzaus rūbus ir tuniką? Nuo 70 mūsų eros metų dėl dvasinės šio įvykio reikšmės Izraelio istorija labai pablogėjo.

Išrengtas ir nukryžiuotas

Pagal Mato 27: 22-26, izraelitams, kurie nepripažino Jėzaus Mesiju, prašant, Jėzus, po to, kaip buvo paniekintas ir išjuoktas, Poncijaus Piloto buvo pasmerktas nukryžiavimui.

Kai iš jo buvo išsityčiota ir pasišaipyta, dėvėdamas erškėčių vainiką Jis nešė kryžių į Golgotą ir buvo ten nukryžiuotas. Pilotas įsakė kareiviams virš Jo galvos prikalti raštišką kaltinimą: Viršum Jo galvos jie prisegė užrašytą Jo kaltinimą: *„Šitas yra Jėzus, žydų karalius.“* (Mato 27:37).

Jame buvo parašyta hebrajų, lotynų ir graikų kalbomis. Hebrajų kalba buvo tradicinė žydų, Dievo išrinktų žmonių, kalba. Lotynų kalba buvo oficiali Romos imperijos, galingiausios tų laikų tautos, kalba ir graikų kalba buvo kalba, vyraujanti kultūros pasaulyje. Tad, pranešimas, parašytas šiomis trimis kalbomis, reiškia, kad visas pasaulis iš tiesų pripažino Jėzų žydų karaliumi ir karalių Karaliumi.

Perskaitę užrašą, kaip parašyta Jono 19:21-22, daugelis žydų reikalavo, kad Pilotas nerašytų „žydų karalius", o verčiau parašytų „Jis sakė: „Aš esu žydų karalius". Tačiau Pilotas jiems atsakė: „Kas parašyta, tas parašyta," ir paliko tai nepakeista. Tai reiškia, kad net Pilotas pripažino Jėzų žydų karaliumi.

Kadangi Pilotas pripažino Jėzų žydų karaliumi, Jis iš tiesų yra vienintelis Dievo Sūnus, karalių Karalius ir viešpačių Viešpats. Tačiau daugelio žmonių akivaizdoje, nuo Jėzus buvo nurengti rūbai ir tunika, ir Jis buvo nukryžiuotas ant kryžiaus. Taip Jis patyrė širdį draskančią gėdą.

Mes gyvename šitame piktame pasaulyje, pamiršdami savo pilnas žmogaus pareigas. Ir, kad Jėzus atpirktų mus iš visokiausios gėdos, purvinų dalykų, nedorumo, neteisumo ir amoralumo, nuo Jėzaus, karalių Karaliaus, buvo nurengti rūbai ir tunika, ir Jis kentė gėdą, matant daugybei žmonių. Jei jūs tame suprasite dvasinę prasmę, jūs negalėsite už tai nedėkoti.

Jėzaus rūbai padalinti į keturias dalis

Romėnų kareiviai išrengė Jėzų nuogai ir Jį nukryžiavo. Jie paėmė Jo rūbus ir pasidalino juos į keturias dalis, bet dėl Jo tunikos metė burtus.

Iš bendro supratimo aišku, kad Jo rūbai nebuvo gražūs ar brangūs. Tad kodėl romėnų kareiviai padalino juos į keturias dalis? Nejaugi jie galėjo įžvelgti, kad Jėzus bus vainikuotas Mesiju, ir norėjo paimti sau bent Jo rūbų dalelę, kad ją, kaip didžiulę šeimos brangenybę, parodytų savo palikuoniams? Ne, tai nebuvo tas atvejis. Psalmė 22:18 pranašauja: *„Drabužius mano dalijas, meta dėl mano apdaro burtą."* Dievas laido romėnų kariams pasiimti Jo rūbus, kad būtų išpildyta ši eilutė (Jono 19:24).

Taigi, kokią dvasinę reikšmę turi Jėzaus rūbai? Kodėl Jo drabužius jie padalino į keturias dalis, kiekvienam po dalį? Kodėl jie nepasidalino Jo tunikos? Kodėl Dievas leido, kad ši istorija būtų iš anksto užrašyta?

Kadangi Jėzus yra žydų karalius, Jėzaus rūbai reiškia Izraelio tautą arba žydus. Kadangi romėnų kariai padalino rūbus į keturias dalis, rūbai neteko savo formos. Tai reiškia, kad Izraelis, kaip valstybė, bus sužlugdytas. Tai taip pat reiškia, kad Izraelio vardas liks toks, kokios liko rūbų dalys. Taigi, visi tie Žodžiai, parašyti apie Jo rūbus, pranašavo, kad žydų žmonės jų tautos žlugimo pasekoje bus išsklaidyti po visus kraštus. Izraelio istorija patvirtina, kad ši pranašystė buvo išpildyta.

Praėjus 40 metų po Jėzaus mirties ant kryžiaus, romėnų generolas Titas sugriovė Jeruzalę. Dievo šventykla buvo visiškai sugriauta, kad nebeliko akmens ant akmens. Kadangi Izraelio tauta nustojo egzistuoti, žydai buvo po visur išsklaidyti, persekiojami ir netgi žudomi. Dėl to tampa aišku, kodėl žydai net iki šios dienos gyvena įvairiose pasaulio šalyse.

Mato 27:23 aprašo liūdną sceną, kurioje Pilotas piktai miniai sako, kad Jėzus yra niekuo nenusikaltęs, tačiau jie vis garsiau reikalauja Jį nukryžiuoti. Tuomet Pilotas paėmė vandens, nusiplovė rankas, norėdamas tuo parodyti, kad neatsako už nekalto Jėzaus mirtį, ir tarė: *„Aš nekaltas dėl šio teisiojo kraujo. Jūs žinokitės!"* (24 eil.) Tada visi žmonės šaukė: *„Jo kraujas tekrinta ant mūsų ir ant mūsų vaikų!"* (25 eil.).

Žymėtina tai, kad Izraelio istorija aiškiai mums parodo, jog daugelis tų žydų ir jų palikuonių turėjo pralieti kraują, tartum išpildydami savo žodžius Poncijui Pilotui. Per keturis dešimtmečius po Jėzaus mirties buvo nužudyta iki 1.1 milijono žydų. Be to, per Antrąjį Pasaulinį karą Vokietijos naciai nužudė apie šešis milijonus žydų. Filme „Šindlerio sąrašas" parodomos tragiškos scenos, kur žydų žmonės, nepriklausomai nuo to, ar jie buvo vyrai, ar moterys, seni ar jauni, buvo žudomi, nevilkėdami ant kūno rūbų. Net nusikaltėliui, kai jam vykdoma bausmė, leidžiama dėvėti švarius rūbus, tačiau žydų žmonės buvo išrengti nuogai, kai buvo žudomi.

Žydai nepripažino Jėzaus Mesiju ir, nuogai Jį išrengę, nukryžiavo. Kadangi jie šaukė: „Jo kraujas tekrinta ant mūsų ir ant mūsų vaikų!", visais amžiais Izraelio tautą lydėjo siaubingas sielvartas.

J zaus besi l tunika, megzta ištisai

Jono 19:23 aprašyta Jėzaus tunika: *„ir tuniką. Ji buvo be siūlės, nuo viršaus iki apačios ištisai megzta."* Šioje eilutėje „be siūlės" reiškia, kad tunikoje nebuvo dygsnių, kurie jungtų kelis audinio gabalus. Daugeliui žmonių nerūpi, kaip padaryti jų rūbai, ar jie austi nuo viršaus iki apačios, ar nuo apačios iki viršaus. Kodėl Biblijoje detaliai aprašoma Jėzaus tunika? Biblijoje parašyta, kad visų žmonių protėvis yra Adomas, tikėjimo tėvas yra Abraomas, o Izraelio protėvis yra Jokūbas. Dievas mus moko, kad Izraelio protėvis yra ne Abraomas, o Jokūbas, kadangi iš jo sūnų gimė dvylika Izraelio giminių. Nors tikėjimo tėvas yra Abraomas, Izraelio tautos įkūrėjas yra Jokūbas. Pradžios 35:10 Dievas Jokūbą laimino taip:

Tavo vardas Jokūbas, bet tu nebesivadinsi Jokūbu. Tavo vardas bus Izraelis! Aš esu Dievas Visagalis. Būk vaisingas ir dauginkis! Tauta ir daugelis tautų atsiras iš tavęs, ir karaliai išeis iš tavo strėnų!

Pagal Dievo Žodį, kaip pasakyta šiose eilutėse, dvylika Jokūbo sūnų suformavo Izraelio pagrindą, ir Izraelis buvo vieninga šalis, kol, karaliaus Roboamo dienomis nebuvo padalinta į šiaurės Izraelį ir pietų Judą.

Vėliau Izraelis, šiaurinė dalis, susimaišė su pagoniais, bet Juda liko vieninga. Šiandien Judos žmonės vadinami žydais. Tai, kad Jėzaus tunika buvo be dygsnių, megzta kaip vienas gabalas nuo viršaus iki apačios, reiškia, kad Izraelio tauta net iki šių dienų išlaikė savo vienybę ir tapatumą kaip Jokūbo palikuoniai.

Met burtus d l J zaus tunikos, jos nesupl šydami

Čia tunika reiškia žmonių širdį. Kadangi Jėzus yra žydų karalius, Jo tunika simbolizuoja žydų žmonių širdį. Izraelitai, per jų tikėjimo protėvį Abraomą išsirinkti Dievo žmonės, aukščiau visko garbino tikrą Dievą. Tas faktas, kad jie nepadalino Jėzaus tunikos, reiškia, jog izraelitų, kurie garbino Dievą, dvasia buvo gerai išsaugota, ji nebuvo sudraskyta į gabalus, nepaisant to, kad Izraelio valstybė ar valdžia tuo metu buvo žlugusi.

Iš tiesų, Biblijoje pranašauta, kad pagoniai negalės sunaikinti Izraelitų dvasios, gyvenančios giliai jų širdyse. Kitais žodžiais sakant, jų širdys neabejotinai liko belinkstančios prie Dievo, nors Izraelio valstybė buvo sužlugdyta pagonių. Kadangi jų širdys buvo tokios pastovios, Dievas išsirinko izraelitus Savo tauta ir panaudojo juos, kad įtvirtintų Savo karalystę ir teisybę.

Net šiandien izraelitai stengiasi iš visos širdies laikytis įstatymo. Jie tai daro dėl to, jog yra Jokūbo, kuris pats buvo nekintančios širdies, palikuoniai. Izraelitai nustebino visą pasaulį, kai 1948 metų gegužės 14 dieną, praėjus ilgam laikui po jų šalies žlugimo, gavo nepriklausomybę. Po to jie sparčiai vystėsi, kaip viena iš labiausiai pažengusių valstybių, tuo dar kartą parodydami savo nacionalinę dvasią ir pranašumą.

Kaip romėnų kareiviai negalėjo padalinti Jėzaus apatinių baltinių, kurie buvo be dygsnių, megzti vienu gabalu nuo viršaus iki apačios, pagoniai negali sunaikinti šlovinančios Dievą izraelitų dvasios. Galiausiai, izraelitai, kaip Jokūbo palikuoniai, įkūrė nepriklausomą šalį ir, kaip Dievo išrinktieji žmonės, išpildė

Jo valią.

Biblijos pranašyst apie Izrael laiko pabaigoje

Kaip Dievas per Jėzaus rūbus ir apatinius baltinius pranašavo apie Izraelio istoriją, Jis taip pat davė mums užuominą apie pasaulio paskutines dienas.

Ezechielio 38:8-9 parašyta:

Po daugelio dienų tu būsi aplankytas, paskutiniais laikais tu ateisi į kraštą, išgelbėtą nuo kardo, kuris ilgą laiką buvo virtęs dykyne. Dabar surinkta ši tauta iš daugelio kraštų Izraelio kalnuose, jie visi čia saugiai gyvens. Tu ateisi kaip audra, kaip debesis uždengsi šį kraštą, su tavimi bus tavo ir kitų tautų pulkai.

„Po daugelio dienų" apima periodą nuo Jėzaus gimimo iki jo Antrojo atėjimo, o „paskutiniaisiais laikais" reiškia paskutinius metus iki antrą kartą Jėzui ateinant. „Izraelio kalnai" reiškia Jeruzalę, kuri yra išsidėsčiusi aukštumoje, apytiksliai 760 metrų virš jūros lygio. Taigi, tai, kad ateityje daugybė žmonių susirinks iš daugelio šalių, mums pranašauja, jog, kuomet artės Jėzaus sugrįžimo valanda, izraelitai iš viso pasaulio grįš į savo šalį.

Ši pranašystė išsipildė, kai 70 mūsų eros metais Izraelis buvo sugriautas Romos imperijos ir 1948 metais vėl atgavo nepriklausomybę. Izraelyje niekas negyveno iki to laiko, kol jis tapo nepriklausomas, tačiau tuojau po to jis vystėsi taip, kaip pranašiausios pasaulio šalys. Naujajame Testamente taip pat pranašaujama apie Izraelio nepriklausomybę. Jėzus Mato 24:32-34 sako šitaip:

Pasimokykite iš palyginimo su figmedžiu: kai jo šaka suminkštėja ir sprogsta lapai, jūs žinote, jog artėja vasara. Taip pat, visa šita išvydę, žinokite, jog tai arti, prie durų. Iš tiesų sakau jums: ši karta nepraeis, iki visa tai įvyks.

Toks atsakymas nuskambėjo, kai Jėzaus mokiniai paklausė Jo apie Jo antrojo atėjimo laiko pabaigoje ženklą. Šiose eilutėse figmedis simbolizuoja Izraelį. Kuomet nuo medžių krenta lapai ir pučia šaltas vėjas, žinote, kad žiema jau čia pat. O kai figmedžio šakelės ima minkštėti ir sprogsta lapai, žinote, kad artėja vasara. Šiuo palyginimu Jėzus aiškina, kad, kuomet po ilgo Izraelio griuvėsių laiko tarpo jis bus atstatytas, tai yra, kai Izraelio žmonės atgaus savo nepriklausomybę, Jėzaus antrasis atėjimas jau bus labai arti.

Jūs nežinote, kiek laiko reiškia „ši karta," kurią Jėzus paminėjo šioje eilutėje, tačiau aišku, kad tai, ką Jis sakė, tikrai išsipildys. Jūs jau matėte, kaip Izraelis atgavo nepriklausomybę, taigi, labai lengva suprasti, kad Jėzaus antrasis atėjimas yra labai arti.

Amžiaus pabaigos ženklai

24 Mato skyriuje, kai Jo mokiniai paklausė apie amžiaus pabaigą, Jėzus jiems tai detaliai išaiškino. Bet tikslios dienos ir

valandos Jis nenurodė: „*Tačiau tos dienos ir valandos niekas nežino, nė dangaus angelai, o vien tik mano Tėvas.*" (Mato 24:36).

Tai tik reiškia, kad Jis, kaip Žmogaus Sūnus, atėjęs į šį pasaulį kūne, nežinojo tikslios dienos ar valandos. Tai nereiškia, kad Jėzus, kaip vienas iš Trejybės narių, nežinojo to po Jo nukryžiavimo, prisikėlimo ir pakilimo į dangų.

Pasakęs daugelį dalykų apie pabaigos ženklų periodą, Jėzus perspėja: „*Kadangi įsigalės neteisumas, daugelio meilė atšals. Bet kas ištvers iki galo, tas bus išgelbėtas.*" (Mato 24:12-13). Šiandien jūs aštriai galite pajausti augantį neteisumą ir vis labiau atšąlančią meilę. Retai kada aptiksi mielaširdiškumą. Jėzus Mato 24:14 pasakė: „*Ir bus paskelbta ši karalystės Evangelija visame pasaulyje paliudyti visoms tautoms. Ir tada ateis galas.*" Evangelija jau buvo pamokslauta visuose žemės kampeliuose.

Be to, mes gyvename „globaliame kaime," kur transportu ar per komunikacijas galima pasiekti bet kokį žemės kraštą. Šis fenomenas buvo taip pat iš anksto paminėtas Danieliaus 12:4: „*O tu, Danieliau, paslėpk tuos žodžius ir užantspauduok knygą iki skirto laiko. Daugelis ją perskaitys ir įgaus pažinimo.*" Evangelija sparčiai skleidžiama visame pasaulyje visiems žmonėms.

Tiesa, nors evangelija jau buvo pamokslauta visame pasaulyje, vis dar gali būti žmonių, nepriimančių Jėzaus, nes neatveria savo širdžių. Arba vis dar gali būti likę atokių vietų, kur evangelija dar nepasklido.

Senojo Testamento pranašystės jau visos išsipildė, išsipildė ir dauguma naujojo Testamento pranašysčių. Visas Raštas yra įkvėptas Šventosios Dvasios. Tad Dievo Žodis yra teisingas, jame nėra klaidos. Žodyje nepasikeis nei menkiausia raidė, nei mažiausias plunksnos brūkštelėjimas. Dievas išpildo Savo Žodį ir pažadus. Belieka tik keli neišsipildę dalykai: antrasis mūsų Viešpaties Jėzaus Kristaus atėjimas, septyni didžiojo sielvarto metai, naujasis Mileniumas ir didysis Baltojo sosto teismas.

Pervertos rankos ir kojos

Nukryžiavimas buvo vienas iš pačių žiauriausių egzekucijos būdų, skirtų žudikams ir išdavikams. Žmogaus rankos būdavo ištempiamos ant medinio kryžiaus. Rankos ir kojos būdavo prikalomos. Jis ilgai kabėjo ant kryžiaus, kol nenumirdavo. Tad jis kentėdavo siaubingą skausmą iki pat paskutinio įkvėpio.

Jėzus, Dievo Sūnus, šioje žemėje darė tik gerus darbus ir neturėjo trūkumų ar dėmių. Taigi, kodėl Jėzaus rankos ir kojos buvo pervertos ir Jis liejo Savo kraują ant kryžiaus?

Pervert rank ir koj skausmas

Jėzus buvo pasmerktas mirčiai ant kryžiaus ir atėjo į egzekucijos vietą Golgotą. Vienas romėnų kareivis laikė didelį geležinį vinį, o kitas laikė plaktuką. Centurionui davus ženklą, jie pradėjo kalti vinis į Jo rankas ir kojas. Tuomet jie pakėlė kryžių. Ar galite įsivaizduoti, kaip skausminga tai turėjo būti?

Nekaltas Jėzus turėjo kentėti skausmą, kai dideli vinys buvo įkalami į Jo kūną ir kūnas savo svoriu buvo tempiamas žemyn, ir pervertos vietos plyšo. Kai žmogui buvo nukertama galva, skausmas išnykdavo staigiai. Tačiau mirtis ant kryžiaus buvo žymiai skausmingesnė dėl kabėjimo, kraujavimo, dehidratacijos ir išsekimo iki pat Jo mirties minutės.

Be to, saulėtą dieną dykumoje skraidė daugybė vabzdžių, kurie aplipo Jo suplėšytą kūną ir gėrė kraują, tekantį iš Jo žaizdų ant rankų ir kojų. Visa ko viršūnė buvo tai, jog pikti žmonės rodė į Jį pirštais, spjaudė į Jį, tyčiojosi iš Jo, keikė Jį ir labai Jį užgauliojo. Kai kurie žmonės neapkentė Jo, sakydami: *„Še Tau, kuris sugriauni šventyklą ir per tris dienas atstatai; išgelbėk save! Jei esi Dievo Sūnus, nuženk nuo kryžiaus!"* (Mato 27:40).

Nukryžiuotasis Jėzus kentė nepakeliamą skausmą. Tačiau Jėzus labai gerai žinojo, kad Jis, mirdamas ant kryžiaus ir pasiimdamas nuodėmes bei prakeikimus, atvėrė kelią žmonijos išgelbėjimui iš jų nuodėmių ir davė galimybę jiems tapti Dievo vaikais. Bet Jo tikras skausmas sklido iš kitur. Vis dar buvo žmonių, kurie nežinojo Dievo plano, arba negavo išgelbėjimo dėl savo piktumo. Tai Jam kėlė didžiulį skausmą.

Nuod m s, daromos rankomis ir kojomis

Kai nuodėminga mintis įeina į širdį, širdis paskubina rankas ir kojas daryti nuodėmes. Kadangi dvasinis įstatymas skelbia, kad atpildas už nuodėmę yra mirtis, jūs už darytas nuodėmes turite būti įmesti į pragarą ir amžinai kentėti.

Todėl Jėzus sako: „*Jei tavo ranka traukia tave nusidėti, –* *nukirsk ją! Tau geriau sužalotam įeiti į amžinąjį gyvenimą, negu su abiem rankom patekti į pragarą, į negęstančią ugnį, kur ,jų kirminas nemiršta ir ugnis negęsta.* ' *Ir jei tavo akis traukia tave nusidėti, – išlupk ją, nes geriau tau vienakiui įeiti į Dievo karalystę, negu su abiem akim būti įmestam į ugnies pragarą.*" (Morkaus 9:45-47). Kiek kartų nuo gimimo jūs savo rankomis ir kojomis darėte nuodėmes? Kai kurie iš pykčio muša kitus. Kai kurie vagia. Yra netenkančių sėkmės dėl lošimo. Žmonės tampa įtūžę savo kojomis ir eina ten, kur jiems eiti nevalia. Taigi, jei tavo kojos traukia tave nusidėti, geriau jas nukirsti ir įeiti į dangų, negu su abiem kojomis būti įmestam į ugnies pragarą.

O be to, kiek kartų jūs nuodėmiavote savo akimis? Gobšumas ir svetimavimas jus užvaldo, kai jūs savo akimis matote tai, ko jums nedera matyti. Štai kodėl Jėzus pasakė, kad, jei tavo akys traukia tave nusidėti, geriau jas išlupti ir įeiti į dangų, negu su abiem akimis būti įmestam į ugnies pragarą.

Senojo Testamento laikais, kai žmogus nusidėdavo savo akimi, ji būdavo išlupama, jei nusidėdavo savo ranka ar koja, jam būdavo nukertama ranka arba koja. Jei kas nors padarydavo žmogžudystę arba svetimavo, jį užmušdavo akmenimis (Pakartoto įstatymo 19:19-21).

Jei Jėzus Kristus nebūtų kentėjęs ant kryžiaus, Dievo vaikams ir šiandieną reikėtų nukirsti savo rankas ar kojas, jei rankomis arba kojomis būtų padarę nuodėmę. Tačiau Jėzus paėmė ant Savęs kryžių, Jo rankos ir kojos buvo pervertos ir Jis liejo kraują. Tai padaręs Jis nuplovė nuodėmes, kurias jūs darote savo rankomis ir kojomis, ir jums nebereikia kentėti arba mokėti už jūsų pačių nuodėmes. Kokia didi Jo meilė!

Turite atminti, jog Jis apvalo jus nuo visų nuodėmių, jei vaikštote šviesoje, kaip ir Jis yra šviesoje, ir, jei jūs išpažįstate savo nuodėmes ir atsigręžiate į Jį (1 Jono 1:7).

Taigi, labai svarbu, kad jūs pripildytumėte savo širdį tiesa, kad dėkinga ir maloninga, susikoncentravusia ties Dievu širdimi gyventumėte pergalingą gyvenimą.

Jėzaus kojos nesulaužytos, bet pervertas Jo šonas

Ta diena, kai mirė Jėzus, buvo penktadienis, diena prieš sabatą. Tais laikais šeštadienis buvo laikomas sabatu, ir žydai nenorėjo palikti kūnų ant kryžių sabato dieną.

Tad, kaip skaitome Jono 19:31, žydai Poncijaus Piloto paprašė sulaužyti nukryžiuotųjų kojas ir nuimti kūnus nuo kryžių.

Poncijui Pilotui leidus, kareiviai sulaužė plėšikų, kabėjusių šalia Jėzaus iš abiejų pusių, kojas, tačiau Jėzaus kojų jie nesulaužė, nes Jis jau buvo miręs. Tais laikais nukryžiuotieji buvo laikomi prakeiktais, štai todėl kareiviai ir sulaužydavo jiems kojas. Tačiau tas faktas, kad jie nesulaužė Jėzaus kojų, slepia savyje dievišką planą.

Kod l J zaus kojos nebuvo sulaužytos?

Neturėjęs nuodėmės Jėzus buvo prakeiktas ir kabėjo ant kryžiaus, kad išgelbėtų žmones iš įstatymo prakeikimo. Šėtonas negalėjo sulaužyti Jėzaus kojų dėl to, kad Jis mirė ne dėl nuodėmės, o pagal Dievo planą.

Be to, Dievas apsaugojo Jėzų, ir Jo kaulai nebuvo sulaužyti, kad išsipildytų Psalmės 34:20 Žodžiai: *„Jis sergsti visus jo kaulus, kad nė vienas iš jų nesulūžtų.“* Skaičių 9:12 Dievas liepė izraelitams nelaužyti avinėlio kaulų, kai jie jį valgė. Taip pat Išėjimo 12:46 pasakyta, jog jiems valgant avinėlio mėsą, nevalia laužyti jokių avinėlio kaulų.

„Avinėlis" simbolizuoja Jėzų, kuris buvo be dėmės ar trūkumo, tačiau iš meilės mums, aukojo Save kaip atperkančiąją auką už žmonių nuodėmes. Pagal Rašto taisykles, Išėjimo 12:46 yra parašyta: *„[Avinėlio pascha] turi būti valgoma namuose. Nevalia mėsos išnešti iš namų ir neleidžiama sulaužyti jokio kaulo,"* nė vienas iš Jėzaus kaulų nebuvo sulaužytas.

Jo šonas pervertas ietimi

Jono 19:32-34 aprašytas dar viena kraupi scena:

Tad atėjo kareiviai ir sulaužė blauzdas vienam ir antram, kurie buvo su Juo nukryžiuoti. Priėję prie Jėzaus ir pamatę, kad Jis jau miręs, jie nebelaužė Jam blauzdų, tik vienas kareivis ietimi perdūrė Jam šoną, ir tuojau ištekėjo kraujo ir vandens.

Nors kareivis jau žinojo, kad Jėzus buvo miręs, kodėl vis tik jis perdūrė Jo šoną ietimi, sukeldamas staigų kraujo ir vandens gūsį? Tai parodo žmogaus piktumą.

Nors Jis buvo Dievu, tačiau Jėzus nereikalavo ir nesilaikė įsikibęs Savo, kaip Dievo, teisių. Jis Savęs niekuo ypatingu nelaikė, Jis nuolankiai pasirinko vergo vietą ir pasirodė žmogaus kūno pavidalu. Jis paklusniai nusižemino ir netgi mirė ant kryžiaus nusikaltėlio mirtimi. Taip Jėzus atvėrė jums išgelbėjimo kelią (Filipiečiams 2:6-8).

Savo gyvenimo šiame pasaulyje metu, Jėzus įkalintiesiems davė laisvę, vargšams – turtus, ligoniams ir nusilpusiems – sveikatą. Jis neturėjo pakankamai laiko pavalgyti ar pamiegoti, kadangi iš visų jėgų stengėsi paskelbti Dievo Žodį, kad išgelbėtų kiek įmanoma daugiau sielų. Jis kopė į kalną melstis, nors Jo mokiniai ėjo ilsėtis.

Daugelis žydų jį niekino ir persekiojo, nors Jis darė tik gera. Galų gale jie iš savo piktumo nukryžiavo Jį ant kryžiaus. Be to, žinodamas, kad Jėzus jau mirė, romėnų kareivis vis vien pervėrė Jį ietimi. Tai sako, kad žmonės darė nedorybę po nedorybės.

Dievas parodė mums Savo stulbinančią meilę, atsiųsdamas Savo vienintelį Sūnų Jėzų Kristų ir leidęs Jį nukryžiuoti, kad išpirktų jus iš nuodėmių, nežiūrint žmonių piktumo.

Kraujas ir vanduo išsilieja iš Jo šono

Kaip jau minėta, Romos karys perdūrė Jėzaus šoną ietimi iš piktumo, nepaisant to, jog žinojo apie Jo mirtį. Kuomet kareivis pervėrė jam šoną, iš Jėzaus kūno pratrūko kraujas ir vanduo. Šis epizodas turi tris reikšmes.

Visų pirma, tai parodo mums, kad Jėzus atėjo kūne kaip Žmogaus Sūnus? Jono 1:14 parašyta: *„Tas Žodis tapo kūnu ir gyveno tarp mūsų; mes regėjome Jo šlovę – šlovę Tėvo viengimio, pilno malonės ir tiesos.“* Dievas kūne nužengė į šį pasaulį, ir Jis buvo Jėzus.

Nusidėjėliai negali matyti Dievo, nes, jei pamatytų Jį, tai žūtų. Tačiau Dievas gali tiesiogiai jiems pasirodyti, ir štai kodėl Jėzus atėjo į šį pasaulį kūne ir parodė mums daugybę įrodymų, kad padėtų mums tikėti Dievu. Biblijoje pasakyta, kad Jėzus buvo žmogus, kaip ir jūs. Morkaus 3:20 yra sakoma: *„Vėl susirinko tiek žmonių, kad jie nebegalėjo nė pavalgyti.“* Mato 8:24 parašyta: *„Ir štai ežere pakilo smarki audra, ir bangos liejo valtį. O Jis miegojo.“*

Kai kurie žmonės stebisi, kaip Jėzus, Dievo Sūnus, galėjo alkti ar kęsti skausmą. Tačiau, kadangi Jėzus buvo kūne, sudarytame iš kaulų ir raumenų, Jam reikėjo valgyti ir miegoti. Jis panašiai kaip mes kentėjo ir skausmus.

Tas faktas, kad, iš Jo kūno ištekėjo kraujas ir vanduo, kuomet Jis buvo perdurtas ietimi, yra įtikinantis įrodymas, jog Jėzus atėjo į šį pasaulį kūne, nors ir buvo Dievo Sūnus.

Antra, tai taipogi įrodo, kad jūs galite būti dieviškosios prigimties dalininkais, nors ir turite kūną. Dievas nori, kad Jo vaikai būtų tokie tobuli, kaip Jis. Tad Jis sako: *„Būkite šventi, nes Aš esu šventas“* (1 Petro 1:16) ir *„Taigi būkite tobuli, kaip* *ir jūsų Tėvas, kuris danguje, yra tobulas"* (Mato 5:48). Jis taip pat padrąsina mus: *„Drauge Jis davė mums be galo didžius bei brangius pažadus, kad per juos taptume dieviškosios prigimties dalininkais, ištrūkę iš sugedimo, kuris sklinda pasaulyje geiduliais"* (2 Petro 1:4) ir *„Būkite tokio nusistatymo kaip Kristus Jėzus"* (Filipiečiams 2:5).

Jėzus atėjo į šį pasaulį kūne ir, vykdydamas Dievo valią, tapo tarnu, bei pilnai išpildė Savo pareigą. Be to, Jis išpildė įstatymą meilėje, įveikdamas išmėginimus ir negandas, ir gyvendamas pagal Dievo Žodį.

Nors Jis buvo žmogus, toks, kaip jūs, Jis noriai kentė visus skausmus, su ištverme ir susivaldymu vykdė Dievo valią, bei nesipriešindamas ir nesiskųsdamas meilėje Save atidavė mirčiai ant kryžiaus.

Kaip gi tuomet mes galime būti dieviškosios prigimties, kurios širdis yra Jėzus Kristus, dalininkais?

Turite nukryžiuoti savo nuodėmingąją prigimtį, kurioje glūdi aistros ir norai, įgyti dvasinę meilę, ir uoliai melstis, kad galėtumėte būti dieviškosios prigimties dalininkais ir turėti tokį nusistatymą, kokį turėjo Jėzus.

Iš vienos pusės, kūniška meilė yra savanaudė ir ji laikui bėgant praeina. Žmonės, turintys tokios rūšies meilę ir būdami nesantaikoje, išduoda vienas kitą bei kenčia skausmą.

Štai kita pusė: Dievas nori, kad jūs turėtumėte meilę, kuri yra kantri, maloni ir neegoistiška. Tai yra dvasinė meilė, niekuomet nesikeičianti ir kas dieną klestinti. Tiek, kiek turite dvasinės meilės ir kiek uoliai meldžiatės, bei atsikratote visokio blogio, tiek ir galite turėti Jėzaus nusistatymo.

Taigi, kiekvienas, ieškantis Jo pagalbos ir praktikuojantis maldą su pasninku, gali gauti Dievo malonę ir jėgą. Dievas taip pat dirba, kad toks žmogus atsikratytų bet kokio blogio. Jūs dangiškojoje karalystėje spindėsite kaip saulė, jei turėsite dvasinę meilę, reikšite devynis Šventosios Dvasios vaisius (Galatams 5) ir gausite Palaimas (Mato 5).

Trečia, Jėzaus pralieti kraujas ir vanduo yra pakankamai galingi, kad vestų jus į tikrą ir amžiną gyvenimą.

Jėzaus kraujas ir vanduo buvo tyri ir nepriekaištingi, kadangi Jis neturėjo pirminės nuodėmės ir nepadarė nuodėmės. Dvasiškai kalbant, tai buvo tas kraujas ir vanduo, kurie galėjo būti prikelti. Kadangi Jis liejo Savo šventą kraują, jūsų nuodėmės yra apvalytos ir jūs galite turėti tikrą gyvenimą, vedantį į išgelbėjimą, prisikėlimą ir amžinąjį gyvenimą.

Vanduo, ištekėjęs iš Jėzaus kūno, simbolizuoja amžiną vandenį, Dievo Žodį. Jūs galite būti pripildytas tiesa ir tapti tikru Dievo vaiku tiek, kiek suprantate Jo Žodį ir atsikratote savo nuodėmių gyvendami pagal jį.

Jėzus, neturėjęs dėmių ar trūkumų, visko atsisakė iki tokio lygio, jog liejo kraują ir vandenį, kad duotų jums tikrą gyvenimą, nors jūs ir nebuvote geresni už gyvulius.

Aš tikiuosi, kad jūs suprantate, jog esate išgelbėti neturėję sumokėti už tai jokios kainos, ir, kad jūs uoliai tikėdami melsitės, kad gyvenime galėtumėte nešti vaisius Jėzuje Kristuje.

7 Skyrius

PASKUTINIAI SEPTYNI JĖZAUS PASAKYMAI ANT KRYŽIAUS

- Tėve, atleisk jiems
- Šiandien su manimi būsi rojuje
- Moterie, štai tavo sūnus!
  Štai tavo motina!
- *Eloi, Eloi, lema sabachtani?*
- Trokštu
- Atlikta
- Tėve, į Tavo rankas Aš pavedu
  Savo Dvasią

Jėzus tarė: „Tėve, atleisk jiems, nes jie nežino, ką daro."... (34 eil.).

Ir jis tarė Jėzui: „Viešpatie, prisimink mane, kai ateisi į savo karalystę." Jėzus jam atsakė: „Iš tiesų sakau tau: šiandien su manimi būsi rojuje." Buvo apie šeštą valandą, kai visoje šalyje pasidarė tamsu, ir taip buvo iki devintos valandos. Saulė užtemo, ir šventyklos uždanga perplyšo pusiau. Jėzus garsiu balsu sušuko: „Tėve, į Tavo rankas pavedu savo dvasią." Ir tai pasakęs, atidavė dvasią. (42-46 eil.).

Luko 23:34, 42-46

Kai artėja mirtis, dauguma žmonių prisimena savo gyvenimą. Jie pasako paskutinius žodžius savo šeimos nariams ir draugams. Lygiai taip pat Jėzus tapo kūnu, atėjo į šį pasaulį pagal Dievo planą ir pasakė paskutinius septynis pasakymus ant kryžiaus, prieš pat Savo paskutinį atodūsį. Jie vadinasi „Paskutiniai septyni Jėzaus pasakymai ant kryžiaus." Išnagrinėkime dvasines Jėzaus paskutinių septynių pasakymų ant kryžiaus prasmes.

Tėve, atleisk jiems

Laiško Filipiečiams autorius aprašo Jėzų taip:

Būkite tokio nusistatymo kaip Kristus Jėzus, kuris, esybe būdamas Dievas, nesilaikė pasiglemžęs savo lygybės su Dievu, bet apiplėšė save ir esybe tapo tarnu ir panašus į žmones. Ir išore tapęs kaip žmogus, Jis nusižemino, tapdamas paklusnus iki mirties, iki kryžiaus mirties. (Filipiečiams 2:5-8).

Jėzus buvo nukryžiuotas ant kryžiaus, kad parodytų Savo meilę ir paklusnumą Dievui taip, kad nusidėjėliams galėtų atverti išgelbėjimo duris. Žmonės, stovėję prie kryžiaus šaipėsi iš Jėzaus: *„Kitus išgelbėdavo – tegul pats išsigelbsti, jei Jis – Kristus, Dievo išrinktasis!"* (Luko 23:35).

Kareiviai taip pat tyčiojosi iš Jo, paduodami Jam rūgštaus vyno, sakydami: *„Jei Tu žydų karalius – išgelbėk save!"* (37 eil.) Vienas iš nusikaltėlių, kurie irgi buvo nukryžiuoti, piktžodžiavo Jam: *„Jei Tu esi Kristus, išgelbėk save ir mus!"* (39 eil.).

Atėję į vietą, kuri vadinasi „Kaukolė," jie nukryžiavo Jį ir du piktadarius – vieną iš dešinės, antrą iš kairės. Jėzus tarė: „Tėve, atleisk jiems, nes jie nežino, ką daro." O jie, mesdami burtą, pasidalijo Jo drabužius. (Luko 23:33-34).

Jėzus meldėsi Dievui, prašydamas atleidimo: „Tėve, atleisk jiems, nes jie nežino, ką daro," ir nustojo kvėpuoti. Jėzus prašė Tėvo, kad jis suteiktų malonę ir atleidimą tiems žmonėms, kurie nežinojo, jog Jėzus, Dievo Sūnus, buvo nukryžiuotas jų nuodėmių atleidimui gauti. Tikriausiai jie net nežinojo, kad jų veiksmai buvo nuodėmės. Tai pirmasis Jo pasakymas ant kryžiaus.

J zus meil je meldžiasi už J kryžiuojan ius žmones

Jėzus, Dievo Sūnus, meldėsi už tuos, kurie Jį nukryžiavo, nors Pats ir neturėjo nei dėmės, nei trūkumo. Kokia didi ir gili Jo meilė! Jėzus, kadangi Jis buvo viena su Visagaliu Dievu ir buvo

Dievo Tėvo įgalintas, galėjo be vargo nužengti nuo kryžiaus ir išvengti nukryžiavimo. Tačiau Jis buvo nukryžiuotas, kad įvykdytų išgelbėjimo planą pagal Dievo valią. Todėl Jis galėjo iškęsti visas kančias ir gėdą, melstis už juos iš begalinės meilės ir prašyti jiems atleidimo.

Jėzus uoliai meldėsi: „Tėve, atleisk jiems, nes jie nežino, ką daro." Čia „jie" reiškia ne tik tuos, kurie Jį nukryžiavo ir iš Jo tyčiojosi, bet taip pat visus žmones, kurie nepriima Jėzaus Kristaus ir vis dar gyvena tamsoje. Panašiai kaip tie, kurie nukryžiavo Jėzų, Dievo Sūnų, daug žmonių nusideda, nes nežino Jėzaus Kristaus ir tiesos.

Jūsų priešas velnias priklauso tamsos pusei ir nekenčia šviesos, todėl jis nukryžiavo Jėzų, tikrą šviesą. Šiandien velnias kontroliuoja žmones, priklausančius tamsai, ir verčia juos persekioti tuos, kurie vaikšto šviesoje.

Kaip jums reaguoti į persekiotojus, nepažįstančius tiesos?

Pirmu Savo pasakymu ant kryžiaus Jėzus moko jus, kokia yra Dievo valia ir koks turi būti krikščionio nusistatymas. Mato 5:44 parašyta: „O Aš jums sakau: mylėkite savo priešus, ... ir melskitės už savo ... persekiotojus." Taigi, mes turime pajėgti melstis už visus mūsų persekiotojus, sakydami: „Tėve, atleisk jiems. Jie nežino, ką daro. Palaimink juos taip, kad jie taip pat galėtų priimti Viešpatį ir mes vėl galėtume susitikti danguje".

Šiandien su manimi būsi rojuje

Kai Jėzus kabėjo ant kryžiaus Golgotoje, „*vietoje, kuri vadinosi kaukole*" (Luko 23:33), taip pat buvo nukryžiuoti du nusikaltėliai.

Vienas iš nusikaltėlių Jį užgauliojo, tačiau kitas sudraudė aną nusikaltėlį, atgailavo ir priėmė Jėzų, kaip savo asmeninį Išgelbėtoją. Tuomet Jėzus jam pažadėjo, kad šis bus su Juo rojuje. Tai yra antras Jėzaus pasakymas ant kryžiaus.

Vienas iš nukryžiuotųjų nusikaltėlių piktžodžiavo Jam: „Jei Tu esi Kristus, išgelbėk save ir mus!" Antrasis sudraudė jį: „Ir Dievo tu nebijai, pats būdamas taip pat nuteistas! Mudu teisingai gavome, ko verti mūsų darbai, o šitas nieko blogo nepadarė." Ir jis tarė Jėzui: Viešpatie, prisimink mane, kai ateisi į savo karalystę. Jėzus jam atsakė: „Iš tiesų sakau tau: šiandien su manimi būsi rojuje" (Luko 23:39-43).

Jėzus paskelbė, jog Jis yra Mesijas, galintis atleisti nusidėjėliams, jei šie atgailautų, ir išgelbėti juos per Savo antrąjį pasakymą ant kryžiaus.

Kai skaitote keturias evangelijas, jose dviejų nusikaltėlių žodžiai aprašyti skirtingai. Mato 27:44 parašyta: „*Taip pat Jį užgauliojo ir kartu nukryžiuoti plėšikai.*" Morkaus 15:32 sakoma: „*„Tegul Kristus, Izraelio karalius, dabar nužengia nuo kryžiaus, kad pamatytume ir įtikėtume.' Kartu nukryžiuotieji irgi užgauliojo Jį.*" Šiose evangelijose skaitome, kad abu nusikaltėliai užgauliojo Jėzų.

Tačiau Luko 23 skyriuje matome, kad vienas iš nusikaltėlių sudraudė antrąjį ir atgailavo dėl savo nuodėmių, priėmė Jėzų Kristų ir buvo išgelbėtas. Tai nėra Evangelijų nesutapimo rezultatas. Tačiau Dievas, turėdamas Savo planą, leido, kad autoriai aprašytų tai skirtingais būdais. Biblijoje Dievo planas ir istorinės nuotrupos yra išdėstytos glaustai. Jei viskas būtų detaliai aprašyta, neužtektų ir tūkstančio Biblijų. Šiandien, jei mes įrašinėjame vaizdo kameromis, mes galime tai peržiūrėti vėliau. Tačiau Jėzaus laikais nebuvo tokių įrenginių, tad jie negalėjo padaryti nei vienos fotografijos, nors tai buvo labai svarbus įvykis. Jie galėjo tik aprašyti tuos įvykius. Tų nežymių skirtumų dėka jūs galite dar realiau pajausti ir išgyventi tam tikras situacijas.

Jėzaus nukryžiavimas – kaip jį geriau suprasti

Kai Jėzus skelbė evangeliją, Juo sekė didžiulė minia. Kai kurie norėjo pasiklausyti Jo pamokslų, kai kurie norėjo pamatyti stebuklus ir ženklus iš dangaus, kitiems reikėjo maisto, o dar kiti pardavė savo turtą ir sekė paskui Jėzų.

Luko 9 skyriuje Jėzus dėkojo už penkis duonos gabalus ir dvi žuvis. Valgančiųjų skaičius buvo apie penki tūkstančiai vyrų (Luko 9:12-17). Įsivaizduokite, kiek daugiau žmonių, įskaitant ir tuos, kurie mylėjo Jėzų arba Jo neapkentė, ir kitus minioje, turėjo susirinkti Jo nukryžiavimo vietoje. Minia taip apsupo kryžių, kad kareiviams teko užtverti žmones ietimis ir skydais. Įsivaizduokite ant Jėzaus ratu aplink kryžių šaukiančius žmones. Minia Jį įžeidinėjo. Net vienas iš abipus Jo kabėjusių nusikaltėlių Jį įžeidinėjo.

Kas galėtų išgirsti, ką sakė pirmas nusikaltėlis? Panašu, jog ten buvo labai triukšminga, todėl tik pakankamai arti Jėzaus stovėję žmonės galėjo išgirsti Jo žodžius. Kitas nusikaltėlis bloga veido išraiška pasakė kažką Jėzui. Iš tiesų šis nusikaltėlis sudraudė aną nusikaltėlį, kuris užgauliojo Jėzų. Tačiau tie, kurie buvo toli kitoje pusėje, nedvejodami galėjo pamanyti, kad tas atgailaujantis nusikaltėlis priekaištavo viduryje kabėjusiam Jėzui.

Taigi, vienoje pusėje, toje triukšmingoje aplinkoje, abiejų, Mato ir Morkaus, evangelijų autoriai, negalėję išgirsti atgailaujančio nusikaltėlio, aiškiai pamanė, kad jis taip pat peikė Jėzų. Tad jie parašė, jog abu nusikaltėliai užgauliojo Jėzų.

Kitoje pusėje Luko Evangelijos autorius aiškiai girdėjo, tad jis tikrai žinojo, jog vienas iš nusikaltėlių neužgauliojo, bet atvirkščiai, atgailavo. Skirtingi autoriai buvo skirtingose vietose, tad skirtingai ir parašė.

Dievas, kuris viską žino, leido jiems parašyti skirtingai, kad ateinančios kartos galėtų aiškiai matyti tam tikrą situaciją.

Dangiškoji vieta atgailavusiam nusikalt liui

Jėzus nusikaltėliui, kuris, prieš mirdamas ant kryžiaus, atgailavo, pažadėjo: „Būsi su manimi rojuje." Tai turi dvasinę reikšmę.

Dangus, Dievo karalystė, yra toli už jūsų įsivaizdavimo ribų. Netgi Jėzus pasakė mums Jono 14:2: „*Mano Tėvo namuose daug buveinių. Jeigu taip nebūtų, būčiau jums pasakęs. Einu jums vietos paruošti.*" Psalmininkas ragina mus: „*Girkite Jį, dangų dangūs ir viršum jų esantys vandenys!"* (Psalmė 148:4). Nehemijo 9:6 yra šlovinamas Dievas, padaręs dangų ir net dangaus dangų. 2 Korintiečiams 12:2 kalbamą apie *„žmogų Kristuje, kuris prieš keturiolika metų, – ar kūne, ar be kūno – nežinau, Dievas žino, – buvo paimtas iki trečiojo dangaus."* Apreiškimų 12:2 sakoma, kad Naujojoje Jeruzalėje yra Dievo sostas.

Panašiai ir danguje yra skirtingų buveinių. Tačiau jūs negalėsite gyventi bet kokioje savo pasirinktoje vietoje. Teisumo Dievas kiekvienam iš jūsų atlygins pagal jūsų žemėje atliktus darbus: kiek jūs sekate Viešpačiu ir darbuojatės Dievo karalystei, ir kiek jūs sukaupėte turtų danguje, ir taip toliau (Mato 11:12; Apreiškimų 22:12).

Jono 3:6 pasakyta: *„Kas gimė iš kūno, yra kūnas, o kas gimė iš Dvasios, yra dvasia."* Priklausomai nuo to, kiek žmogus atlaisvina save nuo kūniškų dalykų ir tampa dvasiniu, dangiškosios buveinės bus paskirstytos į grupes pagal tuos pačius dvasinius lygius.

Aišku, kiekviena dangiškoji vieta yra labai graži, nes ją valdo Dievas. Tačiau netgi danguje yra skirtumų. Pavyzdžiui, gyvenimo būdas, pomėgiai, gyvenimo standartai ir panašūs dalykai dideliame mieste labai skiriasi nuo tų pačių dalykų kaimo vietovėje. Taip pat ir šventasis miestas, Naujoji Jeruzalė, yra pati šlovingiausia dangaus vieta, kur yra Dievo sostas ir kur gyvens labiausiai į Jį panašūs vaikai.

O rojus yra ta vieta, kur gyvena paskutinę minutę prieš savo mirtį ant kryžiaus atgailavęs nusikaltėlis. Jis yra išsidėstęs dangaus pakraštyje. Ten gyvens ir daug kitų, gavusių gėdingą išgelbėjimą.

Šie žmonės priėmė Jėzų Kristų, bet nežengė pirmyn, kad būtų dvasiškai pakeisti. Kodėl atgailavęs nusikaltėlis pateko į rojų? Jis, savo gera širdimi išpažino, kad buvo nusikaltėliu, ir priėmė Jėzų, kaip savo Išgelbėtoją. Tačiau jis neatsikratė savo nuodėmių, negyveno pagal Dievo Žodį ir neevangelizavo kitų žmonių. Jis nesidarbavo Viešpaties labui. Jis nieko nepadarė, kad gautų dangišką atlyginimą. Štai kodėl jis pateko į rojų, žemiausią dangau vietą.

J zaus nužengimas viršutinius kapus

Nors Jėzus ir pažadėjo nusikaltėliui „Šiandien būsi su manimi rojuje," tai nereiškia, kad Jėzus danguje gyvena tik rojuje. Jėzus, karalių Karalius ir viešpačių Viešpats, kartu su Dievo vaikais gyvena ir valdo visą dangų, tame tarpe ir rojų, bei Naująją Jeruzalę. Taigi, Jis gyvena ir rojuje, ir kitose dangiškosiose buveinėse.

Kai Jėzus pasakė nusikaltėliui „Šiandien būsi su manimi rojuje," „šiandien" nereiškia būtent tos dienos, kada Jėzus mirė ant kryžiaus, ar kokios kitos dienos. Jėzus turėjo omenyje, kad Jis bus su atgailavusiu nusikaltėliu kartu, kur šis bebūtų, nuo to momento, kai jis tapo Dievo vaiku.

Kai žvelgiame į Bibliją, matome, kad Jėzus nenuėjo į rojų iš karto po Savo mirties. Mato 12:40 Jėzus sako kai kuriems fariziejams: *„Kaip Jona išbuvo tris dienas ir tris naktis banginio pilve, taip ir Žmogaus Sūnus išbus tris dienas ir tris naktis žemės širdyje."* Efeziečiams 4:9 parašyta: *„Ką reiškia*

„Jis pakilo,' jeigu ne tai, kad Jis pirma ir nusileido į žemesniąsias žemės vietas." Be to 1 Petro 3:18-19 parašyta: *„Ir Kristus vieną kartą kentėjo už nuodėmes, teisusis už neteisiuosius, kad mus nuvestų pas Dievą, beje, kūnu numarintas, bet atgaivintas Dvasia. Ja Jis nužengė žemyn ir skelbė kalėjime esančioms dvasioms."* Jėzus nužengė į viršutinius kapus ir, prieš prisikeldamas trečią dieną, pamokslavo evangeliją dvasioms. Kodėl to reikėjo?

Prieš Jėzui ateinant į žemę, daug Senojo Testamento ir netgi Naujojo Testamento žmonių neturėjo galimybės išgirsti evangelijos, tačiau gyveno dorai, priimdami Dievą. Ar tai reiškia, kad jie visi pateko į pragarą, nes nežinojo, kas buvo Jėzus?

Dievas siuntė Savo vienintelį Sūnų į šią žemę, ir visi, tikintys juo bus išgelbėti. Dievas nebūtų pradėjęs ugdyti žmonių, jei išgelbėtų tik priėmusius Jėzų Kristų jau po Jo nukryžiavimo. Tie, kurie neturėjo galimybės išgirsti evangelijos, tačiau gyveno pagal dorą sąžinę, bus teisiami pagal jų sąžinę.

Iš vienos pusės, gerųjų širdžių žmonės patekdavo į štai tokius „viršutinius kapus." Iš kitos pusės, „žemutiniuose kapuose," kurie taip pat reiškia „pragaro karalystę," gyvena ir laukia Teismo dienos piktų sielų žmonės. Po nukryžiavimo Jėzus nužengė į aukštutinius kapus ir skelbė evangeliją sieloms, kurios nežinojo evangelijos, tačiau gyveno pagal gerą sąžinę ir buvo vertos išgelbėjimo.

Po dangumi žmonėms nėra duota jokio kito vardo, kuriuo jie gali būti išgelbėti, tik Jėzaus Kristaus vardas. Štai kodėl Jėzus nusileido ten ir pamokslavo apie Save dvasioms, kad jos galėtų Jį priimti ir būti išgelbėtos.

Biblijoje pasakyta, kad dvasios, išgelbėtos iki Jėzaus nukryžiavimo, buvo nuneštos į Abraomo prieglobstį (Luko 16:22), tačiau po Jėzaus prisikėlimo nuneštos pas Jėzų.

Išgelbjimas per teism pagal s žin

Prieš Jėzui ateinant ir skelbiant evangeliją šiame pasaulyje, geri žmonės gyveno laikydamiesi teisumo savo širdyse. Tai yra sąžinės įstatymas. Geri žmonės, susidurdami su vargais ir sunkumais, nesielgė blogai, nes klausė savo širdies balso.

Romiečiams 1:20 parašyta: *„Jo neregimosios ypatybės – Jo amžinoji galybė ir dievystė – nuo pat pasaulio sukūrimo aiškiai suvokiamos iš Jo kūrinių, todėl jie nepateisinami."* Stebėdami visatą ir matydami, kaip žemėje viskas harmoninga, gerų širdžių žmonės tikėjo, kad egzistuoja amžinasis gyvenimas. Štai kodėl jie negyveno pagal nuodėmingą prigimtį ir dėl Dievo baimės neleisdavo sau mėgautis pasaulio malonumais.

Romiečiams 2:14-15 teigiama: *„Kai jokio įstatymo neturintys pagonys iš prigimties vykdo įstatymo reikalavimus, tada jie – neturintys įstatymo – patys sau yra įstatymas. Jie parodo, kad įstatymo reikalavimai įrašyti jų širdyse, ir tai liudija jų sąžinė bei mintys, kurios tai kaltina, tai teisina viena kitą."* Dievas davė įstatymą tik žydams, o pagoniams nedavė. Tačiau, kai pagoniai gyvena pagal savo širdies įstatymą, savo įgytą ir praktikuojamą sąžinę, tai yra prilyginama gyvenimui pagal įstatymą. Negalima teigti, kad tie, kurie netikėjo Jėzumi Kristumi, negali būti išgelbėti, nes niekada savo gyvenime nebuvo girdėję evangelijos.

Tarp tų, kurie mirė nežinodami Jėzaus Kristaus, buvo galėjusių kontroliuoti savo piktas mintis, nes šie žmonės turėjo švarias širdis. Šie žmonės bus išgelbėti per Dievo teismą pagal jų sąžinę.

Moterie, štai tavo sūnus!
Štai tavo motina!

Apaštalas Jonas rašė, kad jis girdėjo ir matė tai, kas buvo pasakyta ar padaryta ant kryžiaus, ant kurio kabėjo Jėzus. Ten buvo daug moterų, tarp jų ir Jėzaus motina Marija, Jo motinos sesuo Salomė, Kleopo žmona Marija ir Marija Magdalietė. Jono 19:26-27 Jėzus nuliūdusiai Marijai pasakė manyti Joną esant jos sūnų, o Jonui liepia rūpintis ja kaip savo motina:

Pamatęs stovinčius savo motiną ir mokinį, kurį mylėjo, Jėzus tarė motinai: „Moterie, štai tavo sūnus!" Paskui tarė mokiniui: „Štai tavo motina!" Ir nuo tos valandos mokinys pasiėmė ją pas save.

Kod l J zus vadino Marij ne „motina," o „moterimi?"

Žodis „motina" nebuvo Jėzaus ištartas, tačiau apaštalas Jonas užrašė tą žodį iš savo perspektyvos. Kodėl gi tuomet Jėzus vadina Savo motiną, kuri Jį pagimdė, „moterimi?" Kai žvelgiame į Bibliją, matome, kad Jėzus nevadino jos „motina." Pavyzdžiui, Jono 2:1-11 Jėzus tarnavimo pradžioje padarė Savo pirmąjį stebuklą, vandenį pavertė vynu. Šis stebuklas įvyko Galilėjos mieste, Kanoje, per vestuvių puotą. Į vestuves taip pat buvo pakviesti Jėzus ir Jo mokiniai. Kuomet vynas pasibaigė, Marija pasakė Jam „Jie nebeturi vyno," nes ji žinojo, kad Jėzus, būdamas Dievo Sūnumi, galėjo vandenį paversti vynu. Jėzus pasakė Marijai: „O kas man ir tau, moterie? Dar neatėjo mano valanda." (4 eil.).

Jėzus atsakė, kad dar neatėjo laikas Jam apreikšti Save, kaip Mesiją, nors Marijai ir buvo gaila svečių, kadangi nebuvo likę vyno. Vandens pavertimas vynu dvasiškai reiškia, kad Jėzus lies Savo kraują ant kryžiaus.

Jėzus paskelbė Save, atėjusį į šį pasaulį, kaip mūsų gelbėtoją, įvykdyti dievišką žmonijos išgelbėjimo planą ant kryžiaus. Jis vadino Mariją ne „motina," o „moterimi."

Be to, mūsų Išgelbėtojas Jėzus yra Dievas Trejybėje ir Kūrėjas. Dievas Kūrėjas yra AŠ ESU (Išėjimo 3:14) bei Pirmasis ir Paskutinysis (apreiškimų 1:17; 2:8). Taigi, Jėzus neturi motinos. Štai kodėl Jis ją ir vadina „moterimi," o ne „motina."

Šiandien daugelis Dievo vaikų Mariją vadina „šventąja motina," ar net daro jos statulas ir jas garbina. Turėtumėte suvokti, kad tai absoliučiai klaidinga, kadangi ji nėra mūsų Išgelbėtojo motina (Išėjimo 20:4).

Dangiškoji pilietyb

Jėzus guodė Mariją, kuri buvo apimta didžiulio sielvarto, ir pasakė Savo mylimiausiam mokiniui Jonui rūpintis Marija, kaip savo paties motina. Nepaisant to, kad Jėzus ant kryžiaus kentėjo didžiulį skausmą, Jis vis tik buvo labai susirūpinęs tuo, kas bus su Marija po Jo mirties. Čia jūs galite pajausti Jo meilę. Per Jėzaus trečiąjį pasakymą ant kryžiaus mes galime suprasti, kad tikėjimu visi esame broliai ir seserys, Dievo šeima. Mato 12 skyriuje matome sceną, kai Jėzaus šeima ateina Jo aplankyti. Kuomet Jėzui buvo pranešta, kad Jo motina ir broliai stovi lauke, Jis miniai atsakė:

> Jis atsakė pranešusiam: „Kas yra mano motina ir kas yra mano broliai?" Ir, ištiesęs ranką į savo mokinius, tarė: „Štai mano motina ir mano broliai! Kiekvienas, kas vykdo mano dangiškojo Tėvo valią, yra mano brolis, ir sesuo, ir motina." (Mato 12:48-50).

Kuomet jūs priimate Jėzų Kristų ir jūsų tikėjimas pradeda augti, jūsų dangiškosios pilietybės jausmas tampa vis aiškesnis, ir jūs savo brolius ir seseris Kristuje pamilstate labiau, negu biologinius šeimos narius. Jei jūsų šeimos nariai nėra Dievo vaikai, jūsų šeima negali amžinai egzistuoti, kaip „šeima." Jūsų šeimyniniai santykiai yra nutraukiami mirties. Jei jie netiki Jėzumi Kristumi arba negyvena pagal Dievo valią, net, jeigu jie skelbiasi tikį Dievu, jie pateks į pragarą, kadangi atpildas už nuodėmę yra mirtis (Mato 7:21). Jūsų matomas kūnas po mirties pavirsta dulkėmis, tačiau jūs turite nemirtingą dvasią. Jei Dievas paims jūsų dvasią, jūs būsite tik lavonas, kuris greitai supus. Dievas Kūrėjas pirmąjį žmogų suformavo iš dulkių ir įkvėpė į jo šnerves gyvybės kvapą, tad jo dvasia tapo nemirtinga. Dievas duoda jums nemirtingą dvasią ir suformuoja jūsų kūną, kuris vėl virs dulkėmis. Todėl Jis yra jūsų tikrasis tėvas.

Mato 23:9 mums parašyta: *„Ir nė vieno žemėje nevadinkite tėvu, nes vienas jūsų Tėvas, kuris yra danguje.“* Tai nereiškia, kad netikinčių savo šeimos narių mylėti nereikia. Labai svarbu, kad jūs tikrai juos mylėtumėte, skelbtumėte jiems evangeliją ir vestumėte juos prie Jėzaus Kristaus.

Eloi, Eloi, lema sabachtani?

Jėzus buvo nukryžiuotas trečią valandą, o nuo šeštos iki devintos valandos, kai Jis iškvėpė paskutinį kartą, visoje žemėje buvo tamsa. Mūsų dabartiniu laiko standartu, Jis buvo nukryžiuotas devintą valandą ryto, o po trijų valandų, vidurdienį, žemę apgaubė tamsa. Ji dengė žemę iki trečios valandos dienos.

Šeštai valandai atėjus, visą kraštą apgaubė tamsa iki devintos valandos. Devintą valandą Jėzus garsiu balsu sušuko: „Eloi, Eloi, lema sabachtani?“ Tai reiškia: „Mano Dieve, mano Dieve, kodėl mane palikai?!“

(Morkaus 15:33-34).

Po šešių valandų, devintą valandą, Jėzus sušuko Dievui „Eloi, Eloi, lama Sabachthani?" Tai yra ketvirtas Jėzaus pasakymas ant kryžiaus.

Jėzus buvo išsekęs, nes Jis jau šešias valandas, liedamas kraują ir vandenį, kabėjo ant kryžiaus po karšta dykumos saule. Jis visiškai neteko jėgų. Kodėl gi tuomet Jis sušuko? Kiekvienas iš septynių Jėzaus pasakymų ant kryžiaus turi dvasinę prasmę. Jei jie nebūtų buvę girdimi, jie būtų beprasmiai. Jis norėjo, kad septyni pasakymai būtų Biblijoje užrašyti aiškiai, kad kiekvienas galėtų suprasti Dievo valią.

Todėl Jis iš visų jėgų stengdamasis tarė tuos septynis pasakymus ant kryžiaus, kad aplinkui stovėję žmonės galėtų juos aiškiai girdėti ir užrašyti.

Kai kurie sako, kad Jis Dievui šaukė iš apmaudo, nes turėjo ateiti į žemę kūne ir bereikalingai kentėti didžiulį skausmą. Tačiau tai visai nėra tiesa.

Kod l J zus sušuko: *„Eloi, Eloi, lema sabachtani?"*

Jis atėjo į žemę tam, kad sugriautų velnio darbą ir mums atvertų išgelbėjimo kelią.

Tad Jėzus pakluso Dievo valiai net iki mirties ir visiškai Save paaukojo. Prieš mirtį Jis dar uoliau meldėsi ir Jo prakaitas krito ant žemės tarsi kraujo lašai (Luko 22:42-44). Jis, pilnai žinodamas, kad teks kęsti kryžiaus kančias, nešė Savo naštą.

Su Juo buvo blogai elgiamasi, ir Jis kentėjo ant kryžiaus, nes žinojo Dievo planą žmonėms. Kaip gi tuomet Jėzus galėjo būti pasipiktinęs Savo mirtimi? Jo šaukimas nebuvo širdgėlos arba priekaišto Dievui atodūsiu. Jėzus tam turėjo priežasčių.

Pirma, Jėzus norėjo paskelbti pasauliui, jog Jis buvo nukryžiuotas tam, kad išgelbėtų visus nusidėjėlius iš nuodėmių.

Jis norėjo, kad kiekvienas suprastų, jog Jis paliko dangaus šlovę ir buvo visiškai Dievo ignoruojamas, nors ir buvo vieninteliu Dievo Sūnumi. Jis leido visiems suprasti, jog kentėjo nepakeliamą skausmą ant kryžiaus, kad išgelbėtų ir atpirktų nusidėjėlius iš nuodėmių. Biblijoje matome, kad Jis kreipėsi į Dievą „mano Tėve,“ bet ant kryžiaus Jėzus šaukė Jį „mano Dieve.“ Visa tai buvo dėl to, kad ant kryžiaus Jėzus buvo už nusidėjėlius, o nusidėjėliai negali vadinti Dievą „Tėvu.“

Tuo momentu Dievas žvelgė į Jėzų, kaip į nusidėjėlį, nešantį visų žmonių nuodėmes, ir Jėzus nedrįso vadinti Dievą „Tėvu.“ Taip pat ir jūs kreipiatės į Dievą „Aba Tėve,“ kai turite abipusę meilę, tačiau, kai esate toli nuo Dievo, kadangi darote nuodėmes, arba turite silpną tikėjimą, vadinate Jį „Dievu,“ o ne „Tėvu.“

Dievas nori, kad visi žmonės taptų tikrais Jo vaikais, priimančiais Jėzų Kristų ir vaikštančiais šviesoje, galinčiais vadinti Jį „Tėvu.“

Antra, Jėzus norėjo išpėti nežinojusius Dievo valios ir gyvenusius tamsoje žmones.

Dievas siuntė Savo vienintelį Sūnų Jėzų Kristų į šį pasaulį ir leido, kad Jis būtų išjuoktas ir nukryžiuotas Savo paties kūrinių. Jėzus žinojo, kodėl Dievas pažemino savo Sūnų, o Jį nukryžiavusi minia nežinojo Dievo valios. Jis sušuko „Mano Dieve, Mano Dieve, kodėl mane apleidai?" tam, kad leistų neišmanantiems suprasti Dievo meilę ir atgailauti, kad šie galėtų grįžti į išgelbėjimo kelią.

Trokštu

Senajame Testamente yra daugybė pranašysčių apie Jėzaus kryžiaus kančias. Psalmių 69:21 parašyta: „*Vietoje maisto duoda man tulžies, ištroškusį girdo actu.*" Kaip pranašauta psalmėje, kuomet Jėzus pasakė „trokštu," žmonės pamirkė kempinę vyno acte, užvėrė kempinę ant juozažolės stiebo ir pakėlė ją prie Jėzaus lūpų.

Tada, žinodamas, jog viskas įvykdyta, – kad išsipildytų Raštas, Jėzus tarė: „Trokštu!" Tenai stovėjo indas, pilnas rūgštaus vyno. Jie pakėlė ant yzopo šakelės kempinę, pamirkytą vyne, ir prinešė prie Jo lūpų. (Jono 19:28-29).

Daug laiko prieš Jėzaus gimimą Betliejaus mieste, psalmių kūrėjas pamatė regėjimą, kad Jėzus bus nukryžiuotas ir mirs ant kryžiaus, ir tai užrašė. Jėzus pasakė „trokštu", kad būtų išpildytas raštas.

Pamąstykime apie dvasinę penktojo Jėzaus pasakymo ant kryžiaus prasmę.

Jėzus išreiškia savo dvasinį troškulį

Daug žmonių gali iškęsti alkį, o troškulio negali. Jėzus buvo išsekęs, nes Jis jau šešias valandas, liedamas Savo kraują, kabėjo ant kryžiaus po karšta dykumos saule. Sunku net įsivaizduoti, kaip Jis norėjo gerti.

Kalba eina ne apie tai, kad Jėzus nebegalėjo iškęsti troškulio, kai pasakė „trokštu." Jis žinojo, kad labai greitai ramybėje sugrįš pas Dievą.

Iš tiesų Jo dvasinio troškulio skausmas buvo didesnis, negu kūniško. Taip Jėzus parodo savo glaudų ryšį su Dievo vaikais: „Aš trokštu, nes liejau už jus Savo kraują. Sumažinkite Mano troškulį sumokėdami už Mano kraują."

Praėjo jau du tūkstančiai metų po Jėzaus mirties ant kryžiaus, bet Jis vis dar mums sako, kad trokšta. Jo troškulys atsirado dėl to, kad Jis liejo kraują. Jis liejo kraują, kad atleistų jums jūsų kaltes ir duotų amžiną gyvenimą.

Jėzus sako jums, kad trokšta, tuo parodydamas Savo norą išgelbėti tas pražuvusias sielas. Todėl Jėzaus krauju išgelbėtieji Dievo vaikai turi atlyginti už Jo kraują.

Nukreipdami į pragarą einančius žmones link dangaus jūs sumokate už Jo kraują ir sumažinate Jo troškulį.

Todėl jūs turite būti dėkingi už pralietą Jėzaus kraują ir dabar malšinti Jo troškulį, vesdami žmones į išgelbėjimo kelią.

Atlikta

Jono 19:30, kai Jėzui buvo paduotas gėrimas, Jis pasakė „Atlikta" ir, nuleidęs galvą, atidavė dvasią. Jėzus priėmė ant yzopo stiebo užvertą kempinę. Jis tai padarė ne dėl to, kad nebegalėjo ištverti troškulio. Šiame Jo veiksme slypi dvasinė prasmė. Jėzus ir atėjo į šį pasaulį kūne būtent tam, kad būtų nukryžiuotas už žmonių nuodėmes. Iš didžios Savo meilės mums, Jėzus išpildė Senojo Testamento įstatymą ir nunešė visų žmonių nuodėmes ir jų pačių užsitrauktus prakeikimus. Senojo Testamento laikais žmonės, kuomet nusidėdavo, atnašaudavo Dievui gyvūnų kraują. Tačiau Jėzaus pralietas kraujas buvo ta viena auka visiems laikams (Žydams 10:11-12). Taigi, jūsų nuodėmės yra atleidžiamos, kai jūs priimate Jėzų Kristų, nes Jis jau jus atpirko. Išperkančioji malonė per Jėzų Kristų simbolizuoja naują vyną, o Jis gėrė vyno actą, kad duotų mums naujo vyno.

Dvasin žodžio „atlikta" prasm

Jėzus pasakė „Atlikta" ir, nuleidęs galvą, atidavė dvasią. Ką tai reiškia dvasiškai?

Jėzus tapo kūnu ir atėjo į šią žemę, pamokslavo evangeliją, gydė visas ligas ir negales, bei, paimdamas kryžių už visus pasmerktuosius mirčiai, atvėrė išgelbėjimo kelią.

Jis meilėje įvykdė Senojo Testamento įstatymą ir aukojo Save, priimdamas netgi mirtį. Be to, Jis pelnytai nugalėjo velnią, sugriaudamas velnio darbą. Taigi, Jis užbaigė savo dievišką žmonijos išgelbėjimo planą. Štai kodėl Jėzus ant kryžiaus pasakė „atlikta."

Dievas nori, kad Jo vaikai, gyvendami pagal Dievo valią, įvykdytų viską taip, kaip Jo vienintelis Sūnus Jėzus įvykdė visus išgelbėjimo planus, paklusdamas Tėvui net iki tokio lygio, kad, vykdydamas Dievo valią ir planą, paaukojo Savo gyvybę.

Taigi, visų pirma, jūs turite imti pavyzdį iš jūsų Viešpaties širdies ir įgauti dvasinės meilės: neškite devynis Šventosios Dvasios vaisius (Galatams 5:22-23) ir vykdykite Palaiminimus (Mato 5:3-10). Tuomet jūs ištikimai vykdysite Viešpaties jums paskirtą darbą. Uoliai melsdamiesi, pamokslaudami evangeliją ir tarnaudami bažnyčiai, jūs turite atvesti kiek įmanoma daugiau žmonių pas Viešpatį.

Aš tikiuosi, kad kiekvienas iš jūsų, Dievo brangių vaikų, tvirtu tikėjimu, dangaus viltimi ir meile Dievui nugalėsite pasaulį ir, paklusdami Dievui ir Jo valiai taip, kaip tai parodė mūsų Viešpats Jėzus Kristus, ištarsite „atlikta."

Tėve, į Tavo rankas Aš pavedu Savo Dvasią

Kai Jėzus ištarė savo paskutinius žodžius ant kryžiaus, Jis buvo visiškai išsekęs. Šios būklės Jėzus garsiu balsu sušuko: „Tėve, į Tavo rankas pavedu savo dvasią."

Jėzus garsiu balsu sušuko: „Tėve, į Tavo rankas pavedu savo dvasią." Ir tai pasakęs, atidavė dvasią. (Luko 23:46).

Pastebėkite, kad Jėzus pavadino Dievą „Tėvu," o ne „Mano Dievu." Tai reiškia, kad Jo, kaip atperkančiosios aukos, misija buvo baigta.

Jėzus pavedė savo dvasią ir sielą Dievo rankas

Kodėl Jėzus, kuris atėjo į žemę kaip mūsų Išgelbėtojas, pavedė savo dvasią ir sielą į savo Tėvo rankas? Žmogus susideda iš dvasios, sielos ir kūno (1 Tesalonikiečiams 5:23). Kai jis miršta, jo dvasia ir siela išeina iš kūno. Jeigu tai yra Dievo vaikas, jo dvasia ir siela sugrįš atgal pas Dievą. Jei ne, jo dvasia ir siela nužengs į pragarą (Luko 16:19-31). Jo kūnas bus palaidotas ir sugrįš į dulkes.

Jėzus, Dievo Sūnus, tapo kūnu ir atėjo gyventi į šį pasaulį. Jis turėjo dvasią, sielą ir kūną, kaip ir visi mes. Kai Jis buvo nukryžiuotas, Jo kūnas mirė, bet Jo dvasia ir siela – ne. Jis į Dievo rankas pavedė savo dvasią ir sielą.

Kai žmogus miršta, Dievas priima jo dvasią ir sielą. Jei Dievas priimtų tik jo dvasią, o sielos nepriimtų, jūs niekuomet nepatirtumėte tikro džiaugsmo danguje arba nebūtumėte dėkingi iš visos širdies. Kodėl? Jūs negalėtumėte prisiminti dalykų, kylančių iš jūsų sielos, pavyzdžiui ašarų, liūdesio, kančių, ir kitų dalykų, su kuriais susidūrėte čia žemėje. Štai kodėl Dievas priima ir dvasią, ir sielą.

Kodėl gi tada Jėzus pavedė savo dvasią ir sielą į Dievo rankas? Todėl, kad Dievas yra Kūrėjas, kuris valdo viską visatoje ir kontroliuoja jūsų gyvenimą, mirtį, prakeikimus ir palaiminimus. Taigi, viskas priklauso Dievui ir yra Jo suverenioje valdžioje. Dievas yra Vienintelis, atsakantis į jūsų maldas. Tad pats Jėzus turėjo melstis, kad pavestų Savo dvasią ir sielą Dievui Tėvui (Mato 10:29-31).

J zus meld si, šaukdamas garsiu balsu

Kodėl Jėzus garsiu balsu sušuko: „Tėve, į Tavo rankas pavedu savo dvasią," nors Jis buvo pačioje kančių viršūnėje?

Jis tai padarė todėl, jog norėjo, kad žmonės tai išgirstų ir suprastų, kad šaukti maldoje yra Dievo valia. Jo malda, kai Jis pavedė Savo dvasią Dievui, buvo tokia pat uoli, kaip ir malda prieš pat Jo suėmimą Getsemanėje.

Taipogi Jėzaus malda „Tėve, į Tavo rankas pavedu savo dvasią" įrodo, kad Jėzus viską išpildė pagal Dievo planą. Dabar, kai Jis užbaigė Savo darbą pilname paklusnume Dievui, Jis galėjo išdidžiai pavesti Dievui savo dvasią.

Apaštalas Paulius pripažino: *„Aš kovojau gerą kovą, baigiau bėgimą, išlaikiau tikėjimą. Nuo šiol manęs laukia teisumo vainikas, kurį aną dieną man duos Viešpats, teisingasis Teisėjas, – ir ne tik man, bet ir visiems, kurie pamilo Jo pasirodymą."* (2 Timotiejui 4:7-8).

Diakonas Steponas taip pat gyveno pagal Dievo valią ir išlaikė tikėjimą. Štai kodėl jis galėjo melstis: *„ Viešpatie Jėzau, priimk mano dvasią!"* prieš pat savo mirtį (Apaštalų Darbų

7:59). Apaštalas Paulius ir Steponas negalėtų melstis tokiu būdu, jei būtų gyvenę pasaulietišką gyvenimą, vaikydamiesi iš nuodėmingos prigimties kylančių malonumų.

Panašiai ir jūs, kaip tai padarė Jėzus, galite išdidžiai pasakyti „Atlikta" ir „Tėve, į Tavo rankas pavedu savo dvasią," kai gyvenote tik pagal Dievo Tėvo valią.

Kas atsitiko po J zaus mirties?

Garsiu balsu pasakęs Savo paskutinius žodžius, Jėzus mirė ant kryžiaus. Tai buvo devintą valandą (trečią valandą dienos). Nors tai buvo dienos metas, visą žemę nuo šeštos (vidurdienio) iki devintos valandos užklojo tamsa, ir šventyklos uždanga plyšo pusiau (Luko 23:44-45).

Ir štai šventyklos uždanga perplyšo pusiau nuo viršaus iki apačios, ir žemė sudrebėjo, ir uolos ėmė skeldėti. Atsidarė kapai, ir daug užmigusių šventųjų kūnų prisikėlė. Išėję iš kapų po Jo prisikėlimo, jie atėjo į šventąjį miestą ir daug kam pasirodė. (Mato 27:51-53).

Čia, šioje frazėje „šventyklos uždanga perplyšo pusiau nuo viršaus iki apačios" slypi svarbi dvasinė reikšmė. Ilga šventyklos uždanga skyrė Šventąją dalį nuo Švenčiausiosios. Niekas negalėjo įžengti į Švenčiausiąją vietą, išskyrus kunigą, ir tik vyriausiąjį kunigą, kuris ten įeiti galėjo vieną kartą per metus.

Šventyklos uždangos plyšimas pusiau reiškia, kad Jėzus atnašavo Save kaip taikią auką, kad sugriautų nuodėmės sieną.

Prieš uždangai plyštant pusiau, vyriausias kunigas už žmonių nuodėmes atnašaudavo aukas ir buvo tarpininku tarp jų ir Dievo. Jūs galite turėti tiesioginius santykius su Dievu, kadangi nuodėmių siena buvo sugriauta Jėzaus mirtimi. Todėl kiekvienas, patikėjęs Jėzumi Kristumi, gali įžengti į šventą šventyklą ir garbinti bei melstis Dievui be aukščiausių kunigų ar pranašų tarpininkavimo.

Todėl Laiško Žydams rašytojas sako: *„Taigi, broliai, galėdami drąsiai įeiti į Švenčiausiąją dėl Jėzaus kraujo nauju ir gyvu keliu, kurį Jis atvėrė mums per uždangą, tai yra savąjį kūną."* (Žydams 10:19-20).

Be to, žemė sudrebėjo, ir uolos ėmė skeldėti. Visi šie keisti įvykiai sako, kad visa pasaulio gamta buvo sukrėsta. Tai buvo žmonių piktumo sužadintos Dievo rūstybės išraiška. Dievas parodė, kad Jis buvo giliai įskaudintas, nes žmonių širdys buvo pernelyg užkietintos ir nesugebėjo priimti Jėzaus Kristaus, nors Jis ir atidavė Savo vienintelį Sūnų jų išgelbėjimui.

Kapai atsivėrė ir daugelio mirusių šventųjų žmonių kūnai buvo prikelti gyvenimui. Tai yra prisikėlimo įrodymas, jog kiekvienas, tikintis Jėzumi Kristumi yra apvalomas nuo nuodėmių ir gali vėl gyventi.

Todėl, aš tikiuosi, kad jūs suprasite paskutinių septynių pasakymų ant kryžiaus dvasines reikšmes ir pamatysite juose Viešpaties meilę, kad galėtumėte gyventi pergalingą gyvenimą ir, kaip kadaise tikėjimo tėvai, ilgėtis Viešpaties atėjimo.

8 Skyrius

TIKRASIS TIKĖJIMAS IR AMŽINASIS GYVENIMAS

- Tai labai didelė paslaptis!
- Melagingos konfesijos neveda į išgelbėjimą
- Žmogaus Sūnaus kūnas ir kraujas
- Atleidimas tik per vaikščiojimą šviesoje
- Tikras tikėjimas yra tikėjimas,
  lydimas veiksmų

„*Kas valgo mano kūną ir geria mano kraują, tas turi amžinąjį gyvenimą, ir Aš jį prikelsiu paskutiniąją dieną. Nes mano kūnas tikrai yra valgis, ir mano kraujas tikrai yra gėrimas. Kas valgo mano kūną ir geria mano kraują, tas pasilieka manyje, ir Aš jame. Kaip mane siuntė gyvasis Tėvas ir Aš gyvenu per Tėvą, taip ir tas, kuris mane valgo, gyvens per mane.*"

Jono 6:54-57

Pagrindinis tikėjimo Jėzumi Kristumi ir bažnyčios lankymo tikslas yra būti išgelbėtam ir gauti amžiną gyvenimą. Tačiau, daugelis žmonių mano, kad jie bus išgelbėti tik dėl to, kad sekmadieniais ateina į bažnyčią ir išpažįsta Jėzų Kristų, bet negyvena pagal Dievo Žodį.

Žinoma, kaip yra paminėta Galatams 2:16: *„Žinome, jog žmogus neišteisinamas įstatymo darbais, bet tikėjimu į Jėzų Kristų. Mes įtikėjome Kristų Jėzų, kad būtume išteisinti Kristaus tikėjimu, o ne įstatymo darbais; nes įstatymo darbais nebus išteisintas nė vienas žmogus,"* žmogus negali patekti į dangų ar būti išteisintas tik per išorinį įstatymo vykdymą, ypatingai jei jo širdis yra pripildyta piktumo. Jeigu nenustojate daryti nuodėmes ir nesekate Dievo Žodžiu, tai reiškia, jog jūs neturite deramų santykių su Jėzumi Kristumi, net jeigu išmokote Žodį mintinai.

Taigi, žmogui reikia suprasti, kad jam yra sunku išsigelbėti, jei savo tikėjimą jis išpažįsta tik lūpomis. Jėzaus Kristaus kraujas apvalo jus nuo nuodėmių jūsų išgelbėjimui tik tuomet, kai vaikščiojate šviesoje ir gyvenate pagal tiesą. Privalote turėti tikrą tikėjimą su jį lydinčiais veiksmais (1 Jono 1:5-7).

Dabar detaliau pažvelkime į tai, kaip galima gauti tikrą tikėjimą, kad gautumėte pilną išgelbėjimą ir amžiną gyvenimą, kaip tikri Dievo vaikai.

Tai labai didelė paslaptis!

Efeziečiams 5:31-32 pasakyta: *„Todėl žmogus paliks tėvą bei motiną ir susijungs su savo žmona, ir du taps vienu kūnu. Tai didelė paslaptis, – aš tai sakau, žvelgdamas į Kristų ir bažnyčią.“*

Subrendę žmonės palieka savo tėvus ir susijungia su savo vyru ar žmona – tai yra logiška. Kodėl gi Dievas tarė, kad tai yra didžioji paslaptis? Jei interpretuosite ir suprasite šią eilutę pažodžiui, negalėsite suprasti, kas yra toji „didžioji paslaptis.“ Tačiau, jeigu suprasite jos dvasinę prasmę, tai atneš jums džiaugsmo.

„Bažnyčia“ čia reiškia Dievo vaikus, kurie gavo Šventąją Dvasią. Taigi, Dievas palygino Jėzaus Kristaus ir tikinčiųjų santykius su vyro ir moters santuoka.

Kaip galima palikti šį pasaulį ir susijungti su savo jaunikiu Jėzumi Kristumi?

Jeigu priimsite Jėzų Kristų tik jimu

Nuo to laiko, kai Adomas dėl nepaklusnumo Dievui nusidėjo, į pasaulį įžengė nuodėmė. Visi jo palikuoniai tapo nuodėmės vergais ir priešo velnio, kuris valdo pasaulį, vaikais.

Anksčiau, prieš priimdami Jėzų Kristų, priklausėte šiam pasauliui ir priešui velniui, kuris valdo šį tamsos pasaulį. Tai patvirtina Jono 8:44: *„Jūsų tėvas – velnias, ir jūs norite vykdyti savo tėvo troškimus. Jis nuo pat pradžios buvo žmogžudys ir nesilaikė tiesos, nes jame nėra tiesos. Kalbėdamas melą, jis* *kalba, kas jam sava, nes jis melagis ir melo tėvas,"* ir 1 Jono 3:8: *„Kas daro nuodėmę, tas iš velnio, nes velnias nuodėmiauja nuo pat pradžios."*

Tačiau, kai priėmėte Jėzų Kristų kaip savo Išganytoją ir įžengėte į šviesą, jūs gavote valdžią būti Dievo vaikais ir išsivadavote iš nuodėmių, nes jūsų nuodėmės buvo atleistos per Jėzaus Kristaus kraują.

Jeigu tikite, kad Jėzus Kristus atpirko jus iš jūsų nuodėmių, priėmęs kryžių, tuomet Dievas duoda jums Šventąją Dvasią kaip dovaną, ir Šventoji Dvasia pagimdo dvasią jūsų širdyje. Šventoji Dvasia kalba su jumis ir moko jus Dievo valios, kad gyventumėte tiesoje.

Tuomet tampate Dievo vaiku, Dievo Dvasios vedamu, ir Jis jumyse šaukia: „Aba Tėve" (Romiečiams 8:14-15), ir jus tampate dangiškosios karalystės paveldėtoju.

Kaip nuostabu ir paslaptinga: Velnio vaikai, kurie turėtų žengti į amžiną pražūtį, tapo Dievo vaikais ir tikėjimu žengia į Dangų!

Kai tikėdami Jėzumi Kristumi jus susijungiate su Juo, Šventoji Dvasia įžengia į jūsų širdį ir susijungia su gyvybės sėkla. Dievas pirmą žmogų sukūrė iš dulkių ir įkvėpė į jo šnerves gyvybės kvapą. Gyvybės kvapas yra gyvybės sėkla, pati gyvybė. Tad ji negali mirti, ji buvo perduodama per žmonijos palikuonių spermatozoidus ir kiaušinėlius iš vienos kartos į kitą.

Ši gyvybės sėkla yra širdyje. Po to, kai Dievas sukūrė Adomą, Jis patalpino gyvenimo žinias, dvasios žinias į jo širdį. Naujagimis turi išmokti šio pasaulio žinių, kad taptų kultūringu ir valingu žmogumi. Gyvai būtybei reikalingos gyvenimo žinios, kad ji galėtų tapti tikra gyva būtybe, nors savyje ji jau turi gyvybę.

Adomas kadaise buvo kupinas tik dvasios žinių, tai yra tiesos. Tačiau, jis nepakluso Dievui, ir kontaktas su Dievu buvo nutrauktas. Toliau palaipsniui jis prarado dvasios žinias, ir jo širdį užvaldė netiesa.

Nuo tų laikų toji širdis, kuri anksčiau buvo kupina tik tiesos, dabar prisipildė dviejų: tiesos ir netiesos. Pavyzdžiui, anksčiau Adomo širdyje buvo meilė, tačiau priešas velnias pasodino joje netiesą, kuri vadinama neapykanta. Galiausiai, kaip yra aprašyta Pradžios 4 skyriuje, Kainas, kurį pagimdė nusidėjęs Adomas, nužudė savo brolį Abelį iš pavydo ir įtarumo.

Su laiku širdyje pradėjo vystytis dar kai kas – ten susimaišė tiesa ir netiesa. Tai mes vadiname „prigimtimi." Charakterio bruožus mes paveldime iš savo tėvų. Savo indėlį daro ir tai, ką matome, girdime, jaučiame ir išmokstame savo protu. Iš šių dviejų dalių ir formuojasi „prigimtis," kuri ieško tiesos.

Šią prigimtį dažnai vadiname „sąžine," ir ji formuojasi labai individualiai, priklausomai nuo to, kokius žmones sutinkate savo gyvenime, kokias knygas skaitote, ir kokiose aplinkybėse buvote auklėjamas. Pavyzdžiui, žiūrėdami į tą patį įvykį ar žmogų, galime pasakyti: „Tai yra blogis," o kiti žmonės gali pasakyti: „Tai yra gėris" arba „Tai yra gerumas."

Taigi, išanalizavę savo širdį, matome, kad joje yra tikroji dalis, priklausanti Dievui, ir netikroji dalis, duota šėtono, ir jūsų prigimtis formuojasi įtakojama šių dviejų dalių.

Šventoji Dvasia susijungia su gyvyb s s kla širdyje

Adomo atveju šios trys dalys apgaubė gyvybės sėklą, kurią Dievas įdėjo jam į širdį. Tokia buvo jo būklė, kai išsipildė Dievo Žodis „Tikrai mirsite,“ Adomui valgius nuo gėrio ir blogio pažinimo medžio. Net jeigu toji gyvybės sėkla yra žmoguje, ji yra lyg mirusi, kai nefunkcionuoja.

Pavyzdžiui, ne iš visų sėklų kažkas išauga lauke, nes kai kurios yra pražuvusios. Tačiau, jeigu sėklos yra gyvos, iš jų būtinai kas nors išdygs.

Tas pats ir su žmonėmis. Jeigu Dievo duota gyvybės sėkla būtų visiškai mirusi, ji negalėtų atgimti, ir Dievui nereikėtų siųsti Jėzaus Kristaus žmonijos išgelbėjimui, nereikėtų kurti Dangaus ar pragaro.

Tačiau, gyvybės sėkla, kurią Dievas suteikė žmogui, įkvėpęs į jo šnerves gyvybės kvapą, yra amžina. Kai priimate evangeliją, gyvybės sėkla atgimsta. Kuo platesnė tampa ta tikroji dalis jūsų širdyje, tuo lengviau galite priimti evangeliją. Žmogus, besiklausantis žinios apie kryžių ir priimantis Jėzų Kristų, priima Šventąją Dvasią. Tą akimirką gyvybės sėkla jūsų širdyje susijungia su Šventąja Dvasia.

Atvirkščiai vyksta su žmonėmis, kurie turi sudegintą sąžinę, juose nėra vietos, kur galėtų įžengti evangelija, kadangi netiesos kupina širdis visiškai užgožė gyvybės sėklą. Gyvybės sėkla, buvusi mirties būklėje, įgauna jėgų funkcionuoti, kai susijungia su didžiąja Dievo jėga, Šventąja Dvasia.

Kaip tapti dvasiniu žmogumi

Kai lankote pamaldas, suprantate Dievo Žodį ir meldžiatės, Dievo malonė ir stipri jėga nužengia ant jūsų, kad galėtumėte gyventi pagal Šventosios Dvasios prigimtį. Per šį procesą jūsų širdis ir dvasia susivienija, kai jūsų širdis vis daugiau prisipildo tiesos, vis daugiau apsivalo nuo netiesos. Jeigu žmogaus širdis visiškai prisipildo dvasios ir tiesos žinojimo, tokia širdis tampa dvasia, kaip Adomo atveju. Net kai žmogus atrodo esąs ištikimas, jis veiks pagal savo prigimtį, jei nepraktikuos maldos. Šventoji Dvasia jumyse negalės pagimdyti dvasios, kol esate kūniškas žmogus. Be to, negalėsite gyventi pagal Šventosios Dvasios prigimtį, jeigu neatsikratysite savo minčių ir argumentų, net jeigu ilgai ir uoliai melsitės. Tuomet negalėsite tapti dvasišku žmogumi.

Šventoji Dvasia padeda jums įgyti tiesą atitinkantį protą širdyje. Tai reiškia, kad gyvenate Šventosios Dvasios norais. Tuo pačiu metu šėtonas irgi darbuojasi, norėdamas bet kokiais būdais nuvesti jus į pražūtį, gundydamas jus kūniškomis mintimis, kol dar turite širdyje netiesą.

Tad turime atsikratyti savo kūniškų minčių ir savo pačių teisumo, kaip yra parašyta 2 Korintiečiams 10:5: „*Mes nugalime samprotavimus ir bet kokią puikybę, kuri sukyla prieš Dievo pažinimą, ir paimame nelaisvėn kiekvieną mintį, kad paklustų Kristui.*"

Kai paklūstate Dievo Žodžiui ir sakote „Taip!" Šventosios Dvasios norams, jūsų širdis prisipildo tik tiesa, ir tuomet galite tapti visiškai pašventintu dvasišku žmogumi.

Galite gauti ko bepapašytum te

Žmogus susivienija su Viešpačiu, kai atmeta visą netiesą, atsikrato „savo paties teisumo," kai per Šventąją Dvasią gimsta dvasia, ir jūsų širdis tampa tokia pat tyra kaip jūsų Viešpaties Jėzaus Kristaus širdis. Vyras ir moteris tampa vienu kūnu ir pagimdo vaiką per spermatozoido ir kiaušinėlio susijungimą. Panašiai ir jūs paliekate šį pasaulį ir tampate viena su Jėzumi Kristumi, savo jaunikiu, kai priimate Jį, tuomet ir jūs pagimdysite dvasią nuo Šventosios Dvasios ir, būdami Dievo vaiku, gausite apsčių palaiminimų.

Kaip yra parašyta Romiečiams 12:3, yra skirtingų tikėjimo saikų, ir jūs galite gauti atsakymus į savo prašymus priklausomai nuo to saiko. 1 Jono 2:12 ir tolesnėse eilutėse tikėjimo augimas palyginamas su žmogaus augimo procesu.

Žmonės, kurie priima Jėzų Kristų, gauna Šventąją Dvasią ir išgelbėjimą, turi „vaikučių" tikėjimą (1 Jono 2:12). Tie, kurie panaudoja savo tikėjimą veiksmuose, turi „vaikų" tikėjimą (1 Jono 2:13). Tie, kurie dar subręsta ir tikrai panaudoja savo tikėjimą veiksmuose, turi „jaunuolių" tikėjimą (1 Jono 2:13). Dar paaugę, jie turi „tėvų" tikėjimą (1 Jono 2:13).

Kai Senajame Testamente skaitome apie Jobą, matome, kad Dievas jį pripažino nepriekaištingu ir teisiu žmogumi, tačiau, kai šėtonas pradėjo prieštarauti, Dievas leido jam išbandyti Jobą. Pirma Jobas atkakliai tvirtino, kad jis buvo teisus. Tačiau, jis greitai suprato savo piktumą ir atgailavo prieš Dievą, kai per išbandymą jo prigimties blogis buvo atpažintas. Jobo paties teisumas buvo palaužtas ir jo širdis tapo teisi ir tyra Dievo akyse. Tik tuomet Dievas galėjo palaiminti jį dvigubai daugiau negu anksčiau.

Taip ir jūs, kai gaunate tėvo lygmens tikėjimą (o tai yra aukščiausias tikėjimo etapas, kai lūžta jūsų pačių teisumas ir jūs susitapatinate su Viešpačiu), jūs galite gauti gausius Dievo vaiko palaiminimus. Štai ką Dievas mums pažadėjo 1 Jono 3:21-22: *„Mylimieji, jei mūsų širdis mūsų nesmerkia, pasitikime Dievu ir gauname iš Jo, ko tik prašome, nes laikomės Jo įsakymų ir darome, kas Jam patinka."*

Kaip Dievo vaikai galime džiaugtis palaiminimais

Tokiu būdu jūs susitapatinate su Jėzumi Kristumi ir tampate dvasiškais. Susitapatinimo su Dievu palaima priklauso nuo to, kiek Dievo teisumo parodote.

Jėzus pažadėjo jums Jono 15:7: *„Jei pasiliksite manyje ir mano žodžiai pasiliks jumyse, – jūs prašysite, ko tik norėsite, ir bus jums duota."* Be to, Jono 17:22 Jėzus pasakė mums: *„Kad jie visi būtų viena. Kaip Tu, Tėve, manyje ir Aš Tavyje, kad ir jie būtų viena mumyse, kad pasaulis įtikėtų, jog Tu mane siuntei."*

Taigi, jeigu esate viena su Viešpačiu, išėję iš šio pasaulio, valdomo velnio tamsos jėgų, jūs susitapatinate su savo Dievu Tėvu. Šia tema yra parašyta Galatams 4:4-7:

Bet, atėjus laiko pilnatvei, Dievas atsiuntė savo Sūnų, gimusį iš moters, pavaldų įstatymui, kad atpirktų esančius įstatymo valdžioje ir kad mes įgytume įsūnystę. O kadangi esate sūnūs, Dievas atsiuntė į mūsų širdis savo Sūnaus Dvasią, kuri šaukia: „Aba, Tėve!" Taigi tu jau nebe vergas, bet sūnus; o jeigu sūnus, tai ir Dievo paveldėtojas per Kristų.

Panašiai kaip žmonės paveldi turtus iš savo tėvų, taip ir jūs paveldite Dievo karalystę, kai tampate Jo vaikais, priėmę Jėzų Kristų. Velnio vaikai paveldi pragarą iš velnio, o Dievo vaikai paveldi dangų iš Dievo.

Tačiau, nereikėtų pamiršti tai, kad žmonės, nepagimdę dvasios per Šventąją Dvasią, turės eiti į pragarą, kadangi dangus – tai tyrumo ir vien tiesos vieta. Kuo turtingesnė jūsų dvasia, kuo labiau susivienijusi su Dievu, tuo didesnė bus jūsų šlovė ir tuo arčiau Dievo gyvensite danguje.

Taigi, tikiuosi, kad priimsite amžinojo gyvenimo palaimą, priėmę Jėzų Kristų kaip savo jaunikį, ir susitapatinsite su Viešpačiu Jėzumi ir Dievu Tėvu, atmetę visą netiesą ir savo paties teisumą. Tokiu būdu visą šlovę atiduosite tik Dievui.

Melagingos konfesijos neveda į išgelbėjimą

Jėzus Kristus tampa jūsų tikru jaunikiu, kuris veda jus į amžinąjį gyvenimą ir palaimą, jei esate susitapatinę su Juo per tikėjimą. Jei atspindite savo jaunikio Jėzaus Kristaus širdį ir pasiekiate tobulą tikėjimą, jūs ne tik paveldėsite dangaus karalystę, bet ir šviesite ten kaip saulė. Jei skaitysite Bibliją įdėmiai, pastebėsite, kad kai kurie žmonės, teigiantys tikį Dievu, nėra išgelbėti. Mato 25 skyriuje yra palyginimas apie dešimt mergelių. Penkios protingos mergelės, kurios pasiėmė aliejaus, buvo išgelbėtos, o penkios kvailos, negalėjo išsigelbėti.

Taip Dievas Biblijoje aiškiai nurodo, kas gali, o kas negali būti išgelbėtas, net jeigu visi teigtų, jog turi tikėjimą. Reikia žinoti, koks turi būti jūsų gyvenimas, jei norite būti išgelbėti. Mato 7:21 aiškiai pasakyta: „*Ne kiekvienas, kuris man sako: ,Viešpatie, Viešpatie!', įeis į dangaus karalystę, bet tas, kuris vykdo valią mano Tėvo, kuris yra danguje.*" Jei vadinate Jėzų „Viešpatie, Viešpatie," tai reiškia, kad tikite, jog Jėzus yra Kristus. Tačiau tik Viešpaties vardo šaukimu ir bažnyčios lankymu sekmadieniais negalėsite būti išgelbėti.

Piktadariai negali b ti išgelb ti

Dievas pasakoja apie teismą Mato 13:40-42:

Taigi, kaip surenkamos ir sudeginamos ugnyje raugės, taip bus ir pasaulio pabaigoje. Žmogaus Sūnus išsiųs savo angelus, tie išrankios iš Jo karalystės visus papiktinimus bei piktadarius ir įmes juos į ugnies krosnį. Ten bus verksmas ir dantų griežimas.

Kai ūkininkas nuima derlių, jis surenka kviečius į klėtį, o pelus sudegins ugnimi. Taip ir Dievas: žmonės, kurie nėra teisūs

Dievo akyse, turi būti nubausti.

„Visi papiktinimai" – tai visi tie, kurie tvirtina tikį Dievu, bet patys gundo savo tikėjimo brolius ir seseris, kad jie netikėtų. Taigi, jei dėl tavęs žmonės nusideda ar daro pikta, tu negalėsi būti išgelbėtas.

Kas gi tuomet yra blogis? 1 Jono 3:4 parašyta: *„Kiekvienas, kuris daro nuodėmę, laužo įstatymą. Nuodėmė – tai įstatymo laužymas."* Kaip ir kiekvienoje valstybėje yra savo įstatymai, Dievo karalystėje taip pat yra dvasinis įstatymas. Dvasinės erdvės įstatymas – tai Dievo Žodis, parašytas Biblijoje. Nusižengiantys Dievo Žodžiui yra pasmerkti. Kaip ir kiekvieno įstatymo nesilaikantieji bus persekiojami įstatymo. Taigi, Dievo Žodžio nepaisymas yra blogis ir nuodėmė.

Dievo įstatymus galima padalinti į keturias kategorijas: „darykite," „nedarykite," „vykdykite" ir „atsikratykite." Kadangi Dievas yra šviesa, Jis liepia savo vaikams daryti tai, kas yra teisinga, nedaryti to, kas yra neteisinga, vykdyti Dievo vaiko pareigas ir atsikratyti to, ko Dievas neapkenčia, nes Jis nori, kad Jo vaikai gyventų šviesoje.

Pakartoto Įstatymo 10:12-13 Dievas perspėja mus: *„ O dabar, Izraeli, ko Viešpats, tavo Dievas, iš tavęs reikalauja? Tik kad bijotum Viešpaties, savo Dievo, vaikščiotum Jo keliais, Jį mylėtum ir Jam tarnautum visa savo širdimi ir visa savo siela; kad laikytumeisi Viešpaties įsakymų ir įstatymų, kuriuos tau šiandien skelbiu tavo labui."* Iš vienos pusės: galime gauti palaiminimų, jeigu vykdysime Dievo Žodį. Iš kitos pusės:

gausime amžiną mirtį dėl savo blogio ir nuodėmių, jei negyvensime pagal Jo Žodį.

Galatams 5:19-21 yra aprašyti kūno darbai:

> *Kūno darbai aiškūs – tai paleistuvavimas, ištvirkavimas, netyrumas, gašlavimas, stabmeldystė, burtininkavimas, priešiškumai, nesantaikos, pavyduliavimai, piktumai, vaidai, nesutarimai, susiskaldymai, pavydai, žmogžudystės, girtavimai, orgijos ir panašūs dalykai. Įspėju jus, kaip jau esu įspėjęs, jog tie, kurie taip daro, nepaveldės Dievo karalystės.*

„Paleistuvavimas, ištvirkavimas" reiškia visokių rūšių seksualinį netyrumą ir savo skaistumo neišsaugojimą, tame tarpe ir lytinius santykius iki oficialios santuokos. „Netyrumas" čia reiškia nepažabotus veiksmus, žengiančius už blaivaus proto ribų, kurie yra nuodėmingos prigimties išdava.

„Gašlumas" pasireiškia tada, kai jūs gyvenate pagal savo nuodėmingą, seksualų amoralumą bei ištvirkusius žodžius ir veiksmus. „Stabmeldystė" yra įvairių auksinių, sidabrinių, bronzinių, ar kitokių objektų garbinimas, arba tai, kuomet jūs kažką mylite labiau už Dievą.

„Burtininkavimas" yra kieno nors suviliojimas apgalvotu melu. „Priešiškumai" yra norai sužlugdyti kitus žmones dėl nesantaikos, priešingybė meilei. „Nesantaikos" – tai grūmimasis siekiant savo naudos ir valdžios. „Pavyduliavimai" – tai neapykanta kitam žmogui dėl to, kad jis yra geresnis už tave. „Piktumai" nereiškia tiesiog pykčio protrūkių, tačiau žalos padarymą kitiems iš kraštutinio pykčio.

„Vaidai" yra tai, kuomet yra sukuriama atskira grupė ar šaka ir, dėl nesutarimo su kitais, yra daromi šėtono darbai. „Nesutarimai" pasižymi grupuotės sukūrimu bei atsiskyrimu, ir savo, o ne Šventosios Dvasios minčių vykdymu. „Susiskaldymai" yra Trejybės Dievo, bei, atėjusio kūne, praliejusio Savo kraują žmonijos išgelbėjimui ir tapusiu Kristumi, Jėzaus, neigimas. „Pavydai" yra pavydu grindžiami žalingi ar kenksmingi veiksmai prieš kitą žmogų. „Girtavimai" yra alkoholio vartojimas, ir „ūžavimas" nereiškia tik pasigėrimo, sau pataikaujančio gyvenimo ir savikontrolės stokos, tačiau nesugebėjimą tinkamai vykdyti savo, kaip sutuoktinio ar gimdytojo, pareigas.

Be to, „panašūs dalykai" reiškia, kad yra dar daugiau nuodėmingų poelgių, panašių į šiuos, ir juos darantieji nebus išgelbėti.

Nuodėmės, vedančios ir nevedančios į mirtį

Šiame pasaulyje „nuodėmė" yra pripažįstama tuomet, kai tos nuodėmės rezultatas pasireiškia fizine žala kitam žmogui ir yra patvirtinta deramų įrodymų. Tačiau, Dievas, kuris yra Šviesa, parodo mums, kad ne tik nuodėmingi poelgiai, bet ir visa kita tamsa, kuri priešinasi šviesai, yra nuodėmė.

Nors tie dalykai yra nematomi ir neįrodomi, visi nuodėmingi jūsų širdies geismai, pavyzdžiui, neapykanta, pavydas, geidulys, kritika, smerkimas, beširdiškumas ir nesąžiningumas – tai taip pat yra blogis ir nuodėmė.

Būtent todėl Dievas sako mums: *„O Aš jums sakau: kiekvienas, kuris geidulingai žiūri į moterį, jau svetimauja savo širdyje"* (Mato 5:28) ir *„Kiekvienas, kas nekenčia savo brolio, yra žmogžudys, o jūs žinote, kad joks žmogžudys neturi amžinojo gyvenimo, jame pasiliekančio."* (1 Jono 3:15). Be to, Romiečiams 14:23 parašyta: *„O kas valgo abejodamas, tas smerktinas, nes valgo ne iš įsitikinimo. Visa, kas daroma ne iš įsitikinimo, yra nuodėmė"* ir Jokūbo 4:17 sakoma: *„Kas moka daryti gera ir nedaro, tas nusideda."* Taigi, reikia suprasti, kad nedaryti to, ką liepia Dievas ir ko Jis nori, yra nuodėmė ir aplaidumas.

Bet nejaugi visi žmonės mirs vien dėl to, kad padaro tas nuodėmes? Reikia suprasti, kad žmogus, kuris prieš pasimelsdamas meluoja, bet stengiasi tapti sąžiningu, – tai tikėjimo pastangos. Net jeigu žmogus dar visiškai neišvalė savo širdies nuo melagingumo dėl savo tikėjimo silpnumo, teigti, kad dėl šios nuodėmės jis nebus išgelbėtas, būtų neteisinga.

1 Jono 5:16-17 sužinome apie tai, kad: *„Jei kas mato nusidedant savo brolį, tačiau ne iki mirčiai, teprašo, ir Dievas duos jam gyvybę, būtent tiems, kurie nusideda ne iki mirčiai. Yra nuodėmė iki mirčiai, ir aš kalbu ne apie ją, kad būtų prašoma. Kiekviena neteisybė yra nuodėmė, tačiau esama nuodėmės ne iki mirčiai."*

Nuodėmės yra bendrai dalinamos į dvi kategorijas: tos, kurios veda į mirtį, ir tos, kurios neveda. Tie, kurie nusideda ne iki mirčiai, gali būti išgelbėti, jeigu padrąsinsime juos, melsimės už juos ir padėsime jiems atgailauti. Tačiau, jei žmogus nusideda iki mirčiai, jis negali būti išgelbėtas, net jei melsimės už jį.

Žmonės, kuriuos laikome sąžiningais, kartais meluoja savo naudai ar daro daug nesąžiningų dalykų, net jei tie veiksmai neatneša žalos kitiems. Kai susiduriate su tiesa, jūs suprantate, kad buvote nusidėjėliai, nors prieš įtikėdami Dievu galvojote, jog gyvenote dorai. Dievas parodo jums ne tik matomas nuodėmes, bet ir piktas mintis jūsų širdyje – o visa tai yra nuodėmė.

Bet koks Žodžio pažeidimas yra nuodėmė, o atpildas už nuodėmę yra mirtis. Tačiau, Jėzus Kristus atleido jums visas praeities, dabarties ir ateities nuodėmes, praliedamas savo kraują ant kryžiaus. Yra tokių nuodėmių, kurios gali būti atleistos Jėzaus kraujo jėga, kai atgailaujate ir nusisukate nuo jų. Tai yra nuodėmės ne iki mirties.

Jeigu neatgailaujate ir toliau darote nuodėmes, jūsų sąžinė sukietės. Galų gale, negalėsite gauti atgailos dvasios, jei padarysite nuodėmę, kuri veda į pražūtį. Tokiu atveju jūsų nuodėmės negalės būti atleistos, net jeigu pasistengsite atgailauti.

Dabar apžvelkime tris nuodėmių rūšis, kurios yra iki mirties: piktžodžiavimas Šventajai Dvasiai, nuolatinis Dievo Sūnaus išstatymas viešai paniekai ir sąmoningas nuodėmės kartojimas.

Piktžodžiavimas Šventajai Dvasiai

Yra trys piktžodžiavimo Šventajai Dvasiai atvejai. Žmogus piktžodžiauja Šventajai Dvasiai, kai kalba prieš Ją, kai priešinasi Šventosios Dvasios darbams ir kai niekina Šventąją Dvasią.

Sakau jums: kiekviena nuodėmė ir piktžodžiavimas bus žmonėms atleisti, bet piktžodžiavimas Dvasiai nebus jiems atleistas. Jei kas tartų žodį prieš Žmogaus Sūnų, tam bus atleista, o kas kalbėtų prieš Šventąją Dvasią, tam nebus atleista nei šiame, nei būsimajame amžiuje. (Mato 12:31-32).

Kas tars žodį prieš Žmogaus Sūnų, tam bus atleista, o kas piktžodžiaus Šventajai Dvasiai, tam nebus atleista. (Luko 12:10).

Visų pirma, „kalbėti prieš ką nors" – tai apkalbinėti juos ir trukdyti jų darbui. **„Kalbėti prieš Šventąją Dvasią"** – tai stengtis trukdyti Dievo karalystei, nutraukiant Šventosios Dvasios darbus dėl savo paties valios ir supratimo. Pavyzdžiui, jeigu priešinatės Dievo darbui vien dėl to, kad jis nesutampa su jūsų supratimu (nors iš tikrųjų tai yra Šventosios Dvasios veikimas), tai yra laikoma kalbėjimu prieš Šventąją Dvasią.

Jei vadinate Dievo tarną eretiku, kai jis toks nėra, ir trukdote Šventosios Dvasios veiklai, Dievo akyse tai yra tokia baisi nuodėmė, kad ji negali būti atleista. Taigi, reikia mokėti atskirti dvasias pagal tiesą.

Žinoma, jeigu žmonės siunčia kitiems piktąsias dvasias ar iš tikrųjų yra eretikai Dievo akyse, privalome griežtai įspėti tokius ir nekartoti jų veiksmų. Titui 3:10 parašyta: *„Atskalūno, vieną kitą kartą įspėjęs, šalinkis. "*

Mūsų laikais daugelis žmonių vadina kitas tikinčias trejybe ir darančias Šventosios Dvasios darbus bažnyčias eretiškomis ir net visokeriopai persekioja jas, tai tik rodo, kad tokie žmonės nemoka atskirti dvasių. Nors jie tikina, kad tiki Dievu, iš tikrųjų jiems trūksta pakankamų biblinių žinių apie tai, kas yra erezija. Kartais jie net nežino erezijos apibrėžimo.

Jei žmonės persekioja kitus vien dėl žinių stokos, jiems gali būti atleista, jeigu atgailaus ir daugiau to nedarys. Tačiau, jeigu jie žinos, kad tai yra Šventosios Dvasios darbas, bet trukdys Dievo darbams su blogais ketinimais ir pavydu, tokiems negali būti atleista.

Galime surasti Biblijoje tokių pavyzdžių. Morkaus 3 skyriuje, kai Jėzus rodė stebuklingus ženklus ir darbus, žmonės, kupini pavydo, pradėjo skleisti gandus apie tai, kad Jis yra beprotis. Gandai pasklido taip toli, kad net Jo šeimos nariai, gyvenę atokiai, atvyko pasiimti Jo iš žmonių būrio.

Įstatymo mokytojai ir fariziejai kritikavo Jėzų, sakydami: *„Atvykę iš Jeruzalės Rašto žinovai sakė: ,Jis turi Belzebulą,' ir: ,Demonų kunigaikščio jėga Jis išvaro demonus'."* (Morkaus 3:22). Šie žmonės nepriekaištingai žinojo Dievo Žodį. Jie puikiai žinojo įstatymą, mokė jo žmones, bet vis dėlto priešinosi Dievo darbams iš savo pavydo Jėzui.

Antra, „priešintis Šventosios Dvasios darbams" reiškia atmesti Dievo siųstą Šventosios Dvasios balsą arba smerkti ir kritikuoti Šventosios Dvasios veikimą ir bandyti pakenkti kitiems.

Pavyzdžiui, gandų skleidimas, dokumentų klastojimas, pastoriaus ar bažnyčios (kur yra rodomi Šventosios Dvasios darbai) vadinimas eretiškais ir bandymai sutrukdyti prabudimo susirinkimams ar tarnavimams – tai kalbėjimas prieš Šventąją Dvasią.

Tuomet, ką reiškia „Kas tars žodį prieš Žmogaus Sūnų, tam bus atleista?" „Žmogaus Sūnus" šioje eilutėje reiškia Jėzų, kuris atėjo kaip žmogus prieš tai, kai buvo nukryžiuotas.

Kalbėti prieš Žmogaus Sūnų reiškia nepaklusti Jėzui ir pripažinti Jį tik kaip paprastą žmogų, kuris atėjo kūne. Žmonės nepripažįsta Jėzaus kaip savo Išgelbėtojo dėl mokymo stokos. Šiuo atveju žmogui gali būti atleista, jis gali būti išgelbėtas, jeigu nuoširdžiai atgailaus ir priims Viešpatį.

Taigi, jei padarote tokią nuodėmę nežinodami tiesos ar prieš gaudami Šventąją Dvasią, Dievas suteiks jums galimybę atgailauti ir gauti atleidimą.

Tačiau, jei rodysite nepaklusnumą ir pasipriešinimą Viešpačiui tikrai žinodami, kas yra Jėzus Kristus, tuomet turite suprasti, kad už tai jums niekada nebus atleista, kadangi tai yra kalbėjimas prieš Šventąją Dvasią ir pasipriešinimas Jos darbams.

Trečia, piktžodžiavimas taip pat reiškia dieviškų, šventų ir tyrų dalykų niekinimą. Piktžodžiavimas Šventajai Dvasiai taip pat reiškia **„Šventosios Dvasios niekinimą"** – tai yra Dievo Dvasios, dieviškumo. Jeigu apkalbinėjate Šventosios Dvasios darbus, sakydami, kad tai yra šėtono darbai, arba teigiate, jog tai yra Šventosios Dvasios darbai, kuomet taip nėra – visa tai yra Dievo amžinos jėgos ir dieviškumo niekinimas. Taip pat pamokslauti tiesą kaip netiesą, teigti, kad netiesa yra teisinga, ir smerkti tiesą – tai „piktžodžiavimas Šventajai Dvasiai."

Senovės laikais, jei žmogus buvo pagaunamas dėl tokių

pasakymų ar piktžodžiavimo veiksmų, skirtų karaliui, tai buvo laikoma išdavyste ir žmogus buvo nuteisiamas mirčiai.

Jei piktžodžiaujate šventam visagalio Dievo dieviškumui, kuris nėra prilyginamas kokiam nors pasaulio karaliui, jums niekada nebus atleista.

Net pats Jėzus, kuris buvo paties Dievo prigimties atspindys ir atėjo į šį pasaulį kūne, nieko nesmerkė. Jei iki šiol smerkiate brolius ir seseris ir toliau niekinate Šventosios Dvasios darbus, kokia tai didelė nuodėmė! Jeigu turite Dievo baimę ir pagarbą Jam, jūs niekada nesipriešinsite Šventajai Dvasiai, nekalbėsite prieš Ją ir neniekinsite Jos.

Taigi, turite suprasti, kad šios nuodėmės niekada negali būti atleistos nei šiame, nei būsimajame amžiuje, tokių nuodėmių negalima daryti. Jei anksčiau taip nusidėjote, jums reikia ieškoti Dievo malonės ir atgailauti iš visos širdies.

Nuolatinis Dievo S naus išstatymas viešai paniekai

Tai gresia mirtimi, nes žmonės kryžiuoja sau Dievo Sūnų ir išstato Jį viešai paniekai, kaip tai yra aprašyta Žydams 6 skyriuje.

Kurie kartą jau buvo apšviesti, paragavo dangiškos dovanos, tapo Šventosios Dvasios dalininkais, paragavo gerojo Dievo žodžio bei ateinančio amžiaus jėgų ir atpuolė, tų nebeįmanoma vėl grąžinti naujai atgailai, nes jie kryžiuoja sau Dievo Sūnų ir išstato Jį viešai paniekai. (Žydams 6:4-6).

Kai kurie žmonės palieka bažnyčią ir Dievą dėl šio pasaulio pagundų ir pradeda stipriai niekinti Dievą, nors anksčiau buvo gavę Šventąją Dvasią, žinojo, kad yra Dangus ir pragaras ir tikėjo tiesos žodžiu. Reiškia, jų nuodėmė yra tokia: jie kryžiuoja sau Dievo Sūnų ir išstato Jį viešai paniekai. Toks žmogus ne tik yra valdomas šėtono ir daug nusideda, bet taip pat atmeta Dievą bei persekioja ir žemina bažnyčią ir tikinčius.

Jie jau atidavė savo sąžinę šėtonui, tad jų širdys yra kupinos tamsos. Taigi, jie net nenorės atgailauti ir atgailos dvasia ant jų nenužengs. Jie neturi jokios galimybės atgailauti, todėl niekada neturės atleidimo.

Judas Iskarijotas padarė tokią nuodėmę. O jis buvo vienas iš Jėzaus mokinių. Jis matė daug ženklų ir stebuklų, bet tapo gobšus ir pardavė Jėzų už trisdešimt sidabrinių monetų. Vėliau jo sąžinė suveikė, jis apgailestavo, bet atgailos dvasia nenužengė ant Judo. Jis negalėjo gauti nuodėmės atleidimo ir galiausiai jis nusižudė, nes buvo kankinamas kaltės jausmo (Mato 27:3-5).

Sąmoningas ir nuolatinis nuodėmės kartojimas

Paskutinė nuodėmė iki mirties – tai sąmoningas ir nuolatinis nuodėmės kartojimas, pasiekus tiesos pažinimą.

Jeigu, pasiekę tiesos pažinimą, sąmoningai nusidedame, tada nebelieka aukos už nuodėmes, bet kažkoks baisus laukimas teismo ir liepsnojančio pykčio, kuris praris priešininkus. (Žydams 10:26-27).

„Pasiekę tiesos pažinimą, sąmoningai nusidedame" – tai reiškia kartoti neteisingus veiksmus, kurių Dievas neatleidžia.

Taip pat tai reiškia, kad žmogus nepaliaujamai nusideda, žinodamas, jog tai nuodėmė: „*Jiems nutiko, kaip sako teisinga patarlė:* ,*Šuo sugrįžta prie savo vėmalo,*' *ir:* ,*Išmaudyta kiaulė vėl voliojasi purvyne.*'" (2 Petro 2:22).

Vienu iš atvejų, Dovydas, kuris taip mylėjo Viešpatį, pradėjo svetimauti, ir tai pagimdė daug nuodėmių, kai galiausiai jis nužudė patį ištikimiausią savo karį. Tačiau, kai pranašas Natanas nurodė jo nuodėmę, karalius Dovydas iš karto atgailavo.

Kitu atveju, karalius Saulius nenustojo nuodėmiavęs net kai pranašas Samuelis nurodė jam jo nuodėmes. Dovydas atgailavo ir gavo Dievo palaiminimą, o Saulius buvo apleistas, kadangi neatgailavo ir nuolat kartodavo savo nuodėmes.

Be to dar buvo pranašas Balaamas, turėjęs valdžią palaiminti ir prakeikti, bet, kai jis nuėjo į kompromisą su šiuo pasauliu, norėdamas turtų ir šlovės, jo galas buvo apgailėtinas.

Šventoji Dvasia išeina iš tų širdžių, kurios sąmoningai nusideda, nes Dievas palieka juos. Tuomet jie praranda savo tikėjimą ir daro pikta, valdomi velnio. Galų gale, Šventoji Dvasia juos visiškai paliks, jie negalės būti išgelbėti, nes neatgailavo, o jų vardai bus ištrinti iš Gyvenimo Knygos (Apreiškimo 3:5).

Kita vertus, yra žmonių, kurie nuolat kartoja savo nuodėmes, kadangi jie tik žino apie Dievą, bet netiki Juo savo širdyse. Tokių žmonių nuodėmės gali būti atleistos, ir jie gali žengti į išgelbėjimo kelią, kai nuoširdžiai ir uoliai atgailaus ir turės tikrą tikėjimą.

Taigi, verta žinoti, kad žmogus nebus išgelbėtas, jei jis sąmoningai nusideda, darydamas savo kūno darbus, net jei anksčiau jis buvo mokytas, tikėjo, kad yra dangus ir pragaras ir patyrė apsčią Dievo malonę.

Aš taip pat tikiuosi, kad jūs gerai supratote, jog visos nuodėmės yra nusižengimai ir tamsa, Dievas jų neapkenčia, net jeigu kai kurie iš jų yra ne iki mirties. Noriu jus paraginti būti išmintingais tikinčiaisiais ir jokiais būdais neleisti sau nusidėti.

Žmogaus Sūnaus kūnas ir kraujas

Norėdami gyventi sveikai, turite valgyti atitinkamą maistą ir gerti teisingus gėrimus. Būtent taip galima išsaugoti savo dvasios sveikatingumą ir gauti amžiną gyvenimą – reikia valgyti Žmogaus Sūnaus kūną ir gerti Jo kraują.

Dabar paaiškinsiu, kas yra Žmogaus Sūnaus kūnas ir kraujas ir kodėl mes turime juos valgyti ir gerti, kad gautumėme amžiną gyvenimą. Mūsų pamatas bus Jono 6:53-55:

O Jėzus jiems kalbėjo: „Iš tiesų, iš tiesų sakau jums: jei nevalgysite Žmogaus Sūnaus kūno ir negersite Jo kraujo, neturėsite savyje gyvybės! Kas valgo mano kūną ir geria mano kraują, tas turi amžinąjį gyvenimą, ir Aš jį prikelsiu paskutiniąją dieną. Nes mano kūnas tikrai yra valgis, ir mano kraujas tikrai yra gėrimas.“

Kas yra Žmogaus S naus k nas?

Biblijoje Jėzus atskleidžia dangaus paslaptis ir Dievo valią per daugelį palyginimų. Žmonėms, kurie gyvena vien trijų dimensijų pasaulyje, labai sunku suprasti Dievo, kuris gyvena keturių ir daugiau dimensijų pasaulyje, valią. Taigi, Jėzus lygino dangiškus principus su šio pasaulio negyvais dalykais, augalais, gyvūnais ir žmonėmis, kad mums būtų lengviau perprasti Jo dieviškąją valią.

Štai kodėl Jėzus, vienintelis Dievo Sūnus, yra palyginamas su uola ir žvaigžde, kurios nepriklauso dimensijoms, su vienos dimensijos vynmedžiu, su dviejų dimensijų avinėliu, ir su trijų dimensijų Žmogaus Sūnumi.

Jėzus yra vadinamas Žmogaus Sūnumi, tad Žmogaus Sūnaus kūnas yra Jėzaus kūnas.

Jono 1:1 sakoma: „*Pradžioje buvo Žodis, tas Žodis buvo pas Dievą, ir Žodis buvo Dievas.*" Jono 1:14 parašyta: „*Tas Žodis tapo kūnu ir gyveno tarp mūsų; mes regėjome Jo šlovę – šlovę Tėvo viengimio, pilno malonės ir tiesos.*"

Būtent Jėzus nužengė į šį pasaulį kūne, kaip Dievo Žodis. Taigi, Žmogaus Sūnaus kūnas yra Dievo Žodis, o tai yra Tiesa, tad valgyti Žmogaus Sūnaus kūną – tai mokytis Dievo Žodžio iš Biblijos.

Kaip reikia valgyti Žmogaus S naus k n ?

Išėjimo 12:5 ir toliau Jėzus yra simbolizuojamas „avinėlio":

Avinėlis privalo būti be trūkumų, metinis patinėlis;

paimsite jį iš avių ar ožkų. Laikykite jį iki šio mėnesio
keturioliktos dienos; kiekviena Izraelio tautos šeima turi
jį papjauti tos dienos vakare. Jo krauju patepkite abi
durų staktas ir skersinį tų namų, kuriuose valgysite
avinėlį.

Dažniausiai tikintieji mano, kad avinėlis simbolizuoja naujai
įtikėjusius, tačiau kruopščiai panagrinėjus Bibliją, matome, jog
avinėlis – tai Jėzaus simbolis.

Jonas Krikštytojas, žiūrėdamas į Jėzų, kuris ėjo pas jį, pasakė
Jono 1:29: *„Štai Dievo Avinėlis, kuris naikina pasaulio*
nuodėmę!" O apaštalas Petras pavadino Jėzų avinėliu:
„Žinodami, kad esate atpirkti nuo betikslio iš protėvių
paveldėto gyvenimo būdo ne nykstančiais turtais, sidabru ar
auksu, bet brangiuoju krauju Kristaus, to avinėlio be kliaudos
ir dėmės" (1 Petro 1:18-19). Yra daugiau vietų, kur Jėzus yra
palyginamas su avinėliu.

Kodėl Biblijoje Jėzus palyginamas su avinėliu? Avinėlis yra
švelniausias ir paklusniausias iš visų naminių gyvulių. Jis
atpažįsta savo ganytojo balsą ir klausosi jo. Niekas neapgaus
avinėlio, net jei bandytų imituoti jo ganytojo balsą. Jis aukoja
baltą ir minkštą vilną, pieną, mėsą ir visą savo kūną žmonėms.

Lygiai taip pat, kaip avinėlis aukoja viską dėl žmonijos, Jėzus
visiškai pakluso Dievo valiai ir paaukojo viską dėl mūsų.

Jėzus atėjo į šį pasaulį kūne, nors Jis ir buvo pats Dievas, Jis
pamokslavo dangiškąją evangeliją, išgydydavo nuo daugelio ligų
ir negalių, ir buvo nukryžiuotas. Jėzus atidavė viską, kad atpirktų
jus iš jūsų nuodėmių.

Jėzus yra palyginamas su avinėliu, kadangi Jo charakterio bruožai ir veiksmai primena švelnų avinėlį, o avinėlio valgymas simbolizuoja Jėzaus kūno valgymą, tai yra Žmogaus Sūnaus kūno. Kaip gi tuomet turime valgyti Žmogaus Sūnaus kūną? Pažiūrėkime į Išėjimo 12:9-10, kur yra įsakoma:

> *Jūs neturite jos valgyti žalios ar išvirtos vandenyje, tik keptą ugnyje, taip pat galvą, kojas ir vidurius. Nieko iš jo nepalikite iki ryto. O kas paliks ligi ryto, tą sudeginkite.*

Vis pirma, negalima valgyti „žali " Dievo Žod

Ką reiškia valgyti „žalią" Žmogaus Sūnaus kūną?

Apskritai, mėsą nerekomenduojama valgyti žalią. Jei valgote žalią mėsą, jūs galite užsikrėsti kokiu nors virusu ar bakterija ir susirgti. Taip ir čia: Dievas draudžia valgyti žalią Žodį, kadangi tai yra kenksminga.

Dievo Žodis buvo parašytas per Šventosios Dvasios įkvėpimą, tuomet privalote skaityti Jį ir maitintis Juo per Šventosios Dvasios įkvėpimą.

O kas bus, jei interpretuosite Dievo Žodį pažodžiui? Tuomet negalėsite teisingai suprasti Dievo ketinimų. Taigi, „valgyti žalią Dievo Žodį" reiškia aiškinti Bibliją tiesiogine prasme.

Kadangi Jono 1:1 yra parašyta, *„Žodis buvo Dievas"* – Biblijoje slepiasi Dievo širdis ir valia, ir viskas vyksta pagal šį Žodį.

Dievo Žodis sako mums, kaip galime patekti į dangų. Norėdami gauti amžiną gyvenimą, turite visiškai perprasti Dievo Žodį. Kūniškas žmogus negali pamatyti ar suprasti dvasinio pasaulio.

Kaip ir cikada nieko nežino apie dangų, kai guli lervos pavidalu žemėje. Panašiai ir viščiukas nieko nežino apie išorės pasaulį, kol sėdi kiaušinyje. Kūdikis taip pat nieko nežino apie pasaulį, kol yra savo motinos gimdoje.

Taigi, kol žmogus yra šiame kūniškame pasaulyje, jis nieko nežino apie dvasinį pasaulį.

Dievas sako mums, kad yra kitas pasaulis už šių trijų dimensijų ribų. Būtent kaip viščiukas turi pramušti kiaušinio lukštą, jūs taip pat turite sulaužyti savo kūniškas mintis, kad galėtumėte geriau suprasti dvasinę sferą.

Pavyzdžiui, Mato 6:6 parašyta: „Kai meldiesi, eik į savo kambarėlį ir, užsirakinęs duris, melskis savo Tėvui, kuris yra slaptoje, o tavo Tėvas, regintis slaptoje, tau atlygins viešai. "

Jeigu interpretuosime šią eilutę tiesiogine prasme, tuomet visada turėtumėte melstis tik kambarėlyje. Tačiau anksčiau istorijoje mes nematome, kad žmonės melstųsi vien tik kambarėliuose slaptai.

Pats Jėzus nesimeldė kambarėliuose, Jis meldėsi ant kalno naktį (Luko 6:12) arba anksti rytą nueidavo į nuošalią vietą (Morkaus 1:35).

Be to Danielius meldėsi triskart per dieną, atidaręs langus į Jeruzalės pusę (Danieliaus 6:10), o apaštalas Paulius meldėsi ant stogo (Ap. Darbų 10:9).

Tuomet ką gi reiškia Jėzaus pasakymas „Eik į savo kambarėlį

ir, užsirakinęs duris, melskis?"

Čia „kambarėlis" dvasine prasme reiškia žmogaus širdį. Taigi, užeiti į savo vidinį kambarėlį reiškia palikti savo mintis ir susikaupti savo širdies gelmėje, lyg turėtumėte praeiti pro savo svetainę ar miegamąjį ir užeiti į vidinį kabinetą. Tik tuomet galėsite melstis iš visos širdies.

Kai užeinate į vidinį kambarėlį, jūs esate izoliuoti nuo išorės. Panašiai ir su malda: turite blokuoti visas nereikalingas mintis, nerimą ir susirūpinimus, ir tuomet melstis iš visos širdies.

Taigi, valgyti „žalią" Žmogaus Sūnaus kūną yra draudžiama. Negalima interpretuoti Dievo Žodžio pažodžiui. Tai reiškia, kad Dievo Žodį reikia aiškinti tik dvasiniu būdu, per Šventosios Dvasios įkvėpimą.

Antra, negalima valgyti Dievo Žodžio, „išvirto vandenyje"

Ką reiškia „jūs neturite jos valgyti išvirtos vandenyje?" Tai reiškia, kad negalima nieko pridėti prie Dievo Žodžio, reikia jį valgyti be priemaišų.

Negalima skelbti Dievo Žodį, sumaišytą su politika, visuomenės istorijomis arba posakiais apie gerbiamus ar istorinius individus.

Dievas, sukūręs dangų ir žemę, valdo žmonijos gyvenimą ir mirtį, palaiminimus ir prakeiksmus, Jis yra visagalis ir Jam nieko nestinga.

1 Korintiečiams 1:25 yra sakoma: *„Dievo kvailystė išmintingesnė už žmones ir Dievo silpnybė stipresnė už*

žmones. " Taip yra parašyta, kad suprastumėte, kad netgi išmintingiausias ir puikiausias iš visų žmonių neprilygsta Dievui. Jūs per visą gyvenimą negalėsite išpamokslauti viso, kas yra parašyta Biblijoje. Tai kaip gi drįstume įmaišyti žmonių žodžius į Dievo Žodį pamokslaujant? Žmonių žodžiai su laiku keičiasi. Net jei juose yra kažkiek tiesos, jie jau vis tiek buvo pasakyti Biblijoje iš Dievo išminties. Taigi, pirmoje vietoje turi būti tyras Dievo Žodis, kai mokome Biblijos. Žinoma, galima naudoti palyginimus ar iliustracijas, kad žmonėms Dievo Žodis ir dvasinio pasaulio paslaptys būtų aiškesnės.

Tačiau reikia nepamiršti apie tai, kad tik Dievo Žodis yra amžinas ir tobulas, tai išbaigta tiesa, kuri veda į amžiną gyvenimą. Taigi, negalima valgyti Dievo Žodį, „išvirtą vandenyje."

Tre ia, Dievo Žod reikia valgyti „tik kept ugnyje"

Ką tai reiškia – „valgyti tik keptą ugnyje, taip pat galvą, kojas ir vidurius?" (Išėjimo 12:9) Tai reiškia, kad visas Dievo Žodis, visas Žmogaus Sūnaus kūnas, turi tapti jūsų dvasinių maistu, nieko negalime praleisti.

Pavyzdžiui, yra žmonių, kurie netiki, kad Mozė perskyrė Raudonąją jūrą. Kai kurie net nesistengia skaityti Skaičių knygos, kadangi jiems yra sunku suprasti visas Senojo Testamento atnašas. Kiti teigia, kad jiems sunku patikėti stebuklais, kuriuos darė Jėzus, jų manymu, tokie stebuklai galėjo vykti tik prieš 2 000 metų. Jie praleidžia daugelį dalykų, kurie netinka jų žmogiškam supratimui ir tenkinasi tik moraliniais pamokymais.

Tokios Rašto vietos, kaip „mylėkite savo priešus" ar „venkite bet kokio blogio," jų nedomina, nes tokie žodžiai jiems atrodo per sudėtingi praktikoje. Ar įmanoma, kad tokie žmonės būtų išgelbėti?

Nebūkime panašūs į neprotingus žmones, kurie išsirenka iš Biblijos tik tai, kas jiems patinka. Reikia „valgyti" visus Biblijos žodžius visiškai iškeptus ugnyje – nuo Pradžios iki Apreiškimo knygos.

Tuomet, kaip gi suprasti tai, kad reikia Dievo Žodį valgyti „tik keptą ugnyje?" Ugnis čia simbolizuoja Šventosios Dvasios ugnį. Skaitydami ar klausydamiesi Dievo Žodžio turite būti kupini Šventosios Dvasios ir Jos įkvėpti, nes Dievo Žodis buvo parašytas per Šventosios Dvasios įkvėpimą. Kitaip tai bus tik žinios, o ne dvasinis maistas.

Tam, kad Dievo Žodį valgytumėte „keptą ugnyje," turite uoliai melstis. Maldos veikia kaip aliejus, kad taptumėte Šventosios Dvasios pilnatvės šaltiniu. Kai maitinatės Dievo Žodžiu per Šventosios Dvasios įkvėpimą, Jis yra saldesnis už medų. Jums niekada nepabos, nors pamokslas gali būti labai ilgas, nes tai jums bus itin brangu ir jūs negalėsite nesiklausyti Dievo Žodžio, kaip ištroškusi elnė, ieškanti vandens šaltinio.

Štai kaip reikia valgyti Dievo Žodį „keptą ugnyje." Tik tokiu būdu suprasite Dievo Žodį, ir Jis taps jūsų dvasiniu kūnu ir krauju, jūs suvoksite, kaip reikia sekti Dievo valia. Taip nuo Šventosios Dvasios jumyse gims dvasia, taip augs jūsų tikėjimas, taip vėl atspindėsite prarastą Dievo atvaizdą, vykdydami žmonijos misiją.

Tačiau, tiems, kurie valgo Dievo Žodį per savo protą, neiškepę Jo ant ugnies, Dievo Žodis yra nuobodus, jie nieko neprisimena, nes mėgaujasi savo tuščiomis mintimis. Tokie niekada neturės dvasinio augimo ir nepasieks tikrojo gyvenimo lygio.

Ketvirta, negalima palikti Dievo Žodžio iki ryto

Ką reiškia „nieko iš jo nepalikite iki ryto, o kas paliks ligi ryto, tą sudeginkite?"

Tai reiškia, kad reikia valgyti Žmogaus Sūnaus kūną, Dievo Žodį nakties metu. Pasaulis, kuriame šiuo metu gyvename, yra velnio valdomas tamsybės pasaulis, tad dvasiškai galime pavadinti jį naktimi. Kai mūsų Viešpats ateis, visa tamsa išnyks ir viskas bus atstatyta, išauš rytas, pasaulio šviesa.

Taigi, „nieko iš jo nepalikite iki ryto" reiškia, kad mums reikia mokytis Dievo Žodžio ir paruošti save kaip mūsų Viešpaties nuotaką prieš Jam ateinant.

Ir nepriklausomai nuo to, ar Viešpaties atėjimai bus greitai, ar ne, mūsų gyvenimas tęsiasi tik septyniasdešimt ar aštuoniasdešimt metų, taigi, nežinome, kada sutiksim Viešpatį. Kol nesutiksime Viešpaties, reikia augti dvasiškai – reikia valgyti Žmogaus Sūnaus kūną ir gerti Jo kraują. Taigi, reikia uoliai mokytis Dievo Žodžio ir dvasiškai augti.

Jeigu turite tėvų lygio tikėjimą, nuolatos skatindami savo

dvasios augimą, jūsų šlovė Dievo akivaizdoje Jo karalystėje bus kaip šviečianti saulė, kadangi pažinote Dievą, kuris buvo nuo pradžių, ugdote devynis Šventosios Dvasios vaisius ir Palaimų principus, bei atspindite Dievo atvaizdą.

Kaip reikia gerti Žmogaus S naus krauj?

Norėdami išgyventi, turite valgyti maistą ir gerti vandenį. Jei negersite vandens, maistas negalės susivirškinti ir jūs mirsite. Kai maistas patenka į skrandį kartu su vandeniu, jis yra virškinamas, maistingos medžiagos yra sugeriamos, o atliekos išmetamos.

Būtent taip bus, jeigu valgysite Žmogaus Sūnaus kūną, bet negersite Jo kraujo – Žodis nesusivirškins. Taigi, amžinas gyvenimas yra pasiekiamas tik tuomet, kai valgote Žmogaus Sūnaus kūną ir kartu geriate Jo kraują.

„Gerti Žmogaus Sūnaus kraują" – tai tikėjimu vykdyti Dievo Žodį. Pasiklausius Dievo Žodžio labai svarbu atitinkamai veikti, o tam reikalingas tikėjimas. Jeigu pasiklausę Dievo Žodžio neįgyvendinate Jo, nėra prasmės Jį žinoti ir Jo klausytis.

Kaip kūnas sugeria maistingas medžiagas, o išmatos yra pašalinamos, taip ir Dievo Žodis, tiesa, yra sugeriama, o netiesa pašalinama, kai veikiate pagal Žodį, norėdami apvalyti savo purviną širdį.

Kas gi tuomet yra „sugeriama tiesa" ir „pašalinama netiesa?" Pavyzdžiui, jūs pasiklausėte Dievo Žodžio, kuriame buvo skelbta: „Jokios neapykantos! Mylėkite vienas kitą." Jei tai yra jūsų maistas ir jūs pagal jį veikiate, maistingoji medžiaga, vadinama meile, yra sugeriama, o išmatos, vadinamos neapykanta, yra pašalinamos. Jūsų širdis automatiškai apsivalo ir tampa dar ištikimesnė, išmesdama nešvarias ir nešvankias mintis.

Pasiklaus Dievo Žodžio, gyvendinkite J

Tačiau, jei negyvenate pagal Dievo Žodį, tai reiškia, kad negeriate Žmogaus Sūnaus kraujo. Tuomet Dievo Žodis bus vien informacija jūsų prote, ir jeigu neįgyvendinsite Jo, negalėsite išsigelbėti.

Gerti Žmogaus Sūnaus kraują, t.y. veikti pagal Dievo Žodį, neįmanoma vien žmonių pastangomis. Jūs turite norėti ir stengtis gyventi pagal Jo Žodį, o per uolią maldą gausite Dievo malonę, jėgą ir Šventosios Dvasios pagalbą.

Jeigu galėtumėte atsikratyti nuodėmės savo pastangomis, tuomet Jėzus veltui buvo nukryžiuotas, ir Dievas neturėtų siųsti Šventosios Dvasios.

Jėzus Kristus buvo nukryžiuotas, kad atleistų jūsų nuodėmes, nes patys jūs negalėjote išspręsti nuodėmės problemos, tad Dievas siuntė Šventąją Dvasią, norėdamas padėti jums ir pakeisti jūsų nešvarią širdį į tyrą.

Šventoji Dvasia, Dievo Dvasia, padeda Dievo vaikams gyventi tiesoje ir teisume. Taigi, padedami Šventosios Dvasios, Dievo vaikai turi gyventi pagal Dievo Žodį, atsikratyti savo nuodėmių ir gauti iš Dievo meilę ir palaimą.

Atleidimas tik per vaikščiojimą šviesoje

Kai sakote, kad valgote Žmogaus Sūnaus kūną ir geriate Jo kraują, tai reiškia, kad gyvenate šviesoje pagal Dievo Žodį. Koks tai yra gyvenimas? Turite elgtis pagal šviesos principus. Jūs paliekate tamsą ir gyvenate šviesoje, kai valgote Žmogaus Sūnaus kūną, suvirškinate Jį ir jūsų širdis tampa ištikima. Kai gyvenate šviesoje, Viešpaties kraujas apvalo jus nuo praeities, dabarties ir ateities nuodėmių.

Net jeigu dar turite nuodėmių, kurios dar nebuvo pašalintos, kai atgailausite prieš Dievą iš visos širdies, jūsų nuodėmės gali būti atleistos per Dievo malonę. Žmonės, kurie tikrai tiki Dievu ir stengiasi pasiekti teisumą širdyje, jau nėra nusidėjėliai, jie yra teisieji, jie gali būti išgelbėti ir gali gauti amžiną gyvenimą.

Dievas yra šviesa

1 Jono 1:5 parašyta: *„Tai yra žinia, kurią išgirdome iš Jo ir skelbiame jums, kad Dievas yra šviesa ir Jame nėra jokios tamsybės. "*

Apaštalas Jonas, parašęs 1 Jono Laišką, buvo mokamas paties Jėzaus, kuris atėjo į šį pasaulį ir tapo šio pasaulio šviesa bei Dievo keliu.

Jono 1:4-5 apie Jėzų yra pasakyta: *„Jame buvo gyvybė, ir gyvybė buvo žmonių šviesa. Šviesa šviečia tamsoje, ir tamsa jos neužgožė. "* Jėzus pats pareiškė: *„Aš esu kelias, tiesa ir gyvenimas. Niekas nenueina pas Tėvą kitaip, kaip tik per* *mane.*" (Jono 14:6).

Taigi, Jėzaus mokiniai matė šį faktą, kad „Dievas yra šviesa" per Jėzų, ir jie paskelbė mums šią žinią.

Dvasine prasme, šviesa yra tiesa

Kas gi tuomet yra „šviesa?" Dvasine prasme, šviesa reiškia tiesą, o tiesa yra priešinga tamsai.

Dievas Efeziečiams 5:8 mums sako: „*Juk kadaise buvote tamsa, o dabar esate šviesa Viešpatyje. Elkitės kaip šviesos vaikai.*" Žmonės, besiklausantys žinios apie tai, kad „Dievas yra Šviesa," ir išmoksta iš Dievo tiesos, gali patys šviesti šiame pasaulyje, o juk šviesa išvaro tamsą.

Šviesos vaikai, kurie gyvena pagal tiesą, duoda Šviesos vaisių. Būtent todėl Efeziečiams 5:9 yra parašyta: „*Nes Dvasios vaisius reiškiasi visokeriopu gerumu, teisumu ir tiesa.*" Dvasinė meilė, aprašyta 1 Korintiečiams 13 skyriuje, bei Šventosios Dvasios vaisiai, tokie kaip meilė, džiaugsmas, taika, kantrybę, malonumas, gerumas, ištikimybė, romumas, susivaldymas, yra Šviesos vaisiai.

Taigi, šviesa yra susijusi su visais tiesos žodžiais apie gerumą, teisumą ir meilę, pavyzdžiui, „mylėkite vienas kitą, melskitės, švęskite sabato dieną, laikykitės Dešimties Dievo įsakymų," kuriuos Dievas mini Biblijoje.

Dvasine prasme, tamsa yra nuod m

Tamsa – tai gyvenimas be šviesos, dvasine prasme tai reiškia nuodėmę.

Visa neteisybė, kuri yra priešinga tiesai, yra aprašyta Romiečiams 1:28-29: „*Kadangi jie nesirūpino pažinti Dievą, tai Dievas leido jiems vadovautis netikusiu išmanymu ir daryti, kas nepridera. Todėl jie pilni visokio neteisumo, netyrumo, piktybių, godulystės ir piktumo, pilni pavydo, žudynių, nesantaikos, klastingumo, paniekos, apkalbų.*" Visa tai yra tamsa.

Biblija skatina mus atsikratyti visko, kas yra tamsa: vagystės, svetimavimo ir žudymo, bei visų kitų blogio formų.

Būna žmonių, kurie teigia esą Dievo vaikai, nors nepaklūsta Dievo paliepimams ir veikia taip, kaip Dievas sako nesielgti. Ši tamsa yra valdoma priešo velnio ir šėtono, ji yra iš šio pasaulio, taigi su šviesa ji niekada nesusijungs. Štai kodėl žmonės, gyvenantys tamsoje, neapkenčia šviesos ir laikosi kuo toliau nuo jos.

O tikrieji Dievo vaikai, kurie yra šviesa, kuriuose nėra tamsos, turi atsikratyti tamsos ir gyventi šviesoje. Tik tuomet galėsite turėti bendravimą su Dievu ir viskas jūsų gyvenime klostysis gerai.

Bendravimo su Dievu rodymas

Dažniausiai tarp tėvų ir vaikų būna labai artimi santykiai, pagrįsti meile. Tokiu pačiu būdu ir mes, tikintieji Jėzumi Kristumi, galime atpažinti bendravimą su Dievu, kuris yra jūsų dvasios Tėvas (1 Jono 1:3).

Bendravimas čia reiškia ne tik pažinojimą, bet glaudžius

santykius. Negalite pasakyti, kad bendraujate su šalies prezidentu, jeigu tik daug žinote apie jį. Tas pats ir bendravimo su Dievu atveju. Norėdami turėti tikrą bendravimą su Dievu, turite žinoti Jį taip pat gerai, kaip Jis žino jus.

1 Jono 1:6-7 pasakyta: *„Jei sakome, kad bendraujame su Juo, o vaikščiojame tamsoje, – meluojame ir nevykdome tiesos. O jei vaikščiojame šviesoje, kaip ir Jis yra šviesoje, mes bendraujame vieni su kitais, ir Jo Sūnaus Jėzaus Kristaus kraujas apvalo mus nuo visų nuodėmių."*

Tai reiškia, kad galite bendrauti su Dievu tik tuomet, kai atsikratote nuodėmių ir vaikščiojate šviesoje. Jei sakote, kad bendraujate su Dievu, o gyvenate tamsoje, tai yra melas. Bendrauti su Dievu reiškia turėti dvasinius ir ištikimus santykius. Nedievobaimingi santykiai su Juo kyla iš protinių žinių. Jūs patys turite būti šviesa, kad turėtumėte bendravimą su Dievu, kadangi Jis yra šviesa. Šventoji Dvasia, Dievo širdis, aiškiai moko jus Dievo valios, jus pasiliekate tiesoje ir turite dar gilesnį bendravimą su Juo, kai skaitote Dievo Žodį ir meldžiatės.

Jeigu vaikštote tamsoje

Jūs meluojate, jei tvirtinate, kad bendraujate su Dievu, o tuo tarpu vaikščiojate tamsoje ir nusidedate. Tai nėra vaikščiojimas šviesoje, ir jūs galiausiai nueisite mirties keliu.

1 Samuelio 2 skyriuje skaitome, kad kunigo Elio sūnūs elgėsi nedorai ir darė nuodėmes. Jis turėjo juos už tai bausti, bet Elis paprasčiausiai sakydavo jiems: *„Kodėl jūs darote tokius dalyku? Jums nedera to daryti."* (23 eil.).

Galiausiai ant jų krito Dievo rūstybė. Du Elio sūnūs mirė kovoje, o Elis atbulas krito nuo krasės šalia vartų. Jo sprandas lūžo ir jis mirė. Dievo rūstybė krito ir ant jo palikuonių (1 Samuelio 2:27-36, 4:11-22).

Todėl Efeziečiams 5:11-13 yra parašyta: „*Ir neprisidėkite prie nevaisingų tamsos darbų, o verčiau atskleiskite juos. Nes ką jie slapčia daro, gėda net sakyti. Bet viskas, kas atskleidžiama, tampa šviesos apšviesta, o kas tik apšviesta, yra šviesa.*"

Jei koks žmogus skelbiasi turįs bendravimą su Dievu, bet nevaikšto šviesoje, tokiam turėtumėte meilėje patarti. Jei jis vis vien neitų į šviesą, turėtumėte jį pabarti, kad nukreiptumėte jį į šviesą ir jis nenueitų mirties keliu.

Atleidimas vaikštant šviesoje

Šiame pasaulyje egzistuoja įstatymas, ir, kai kas nors jo nepaiso, yra baudžiamas atitinkamai tam tikro veiksmo masto. Tačiau, nors jis ir sumokėtų už tai bei būtų nubaustas, jis negali savo sąmonėje užgniaužti kaltės jausmo, nes žala jau yra padaryta.

Panašiai ir jumyse gyvena nuodėminga prigimtis, nežiūrint to, kad jūs jau priėmėte Jėzų Kristų, buvote nuplautas nuo nuodėmių ir paskelbtas teisiu. Todėl Dievas liepia jums apipjaustyti jūsų širdį, kad net jūsų sąmonėje nesijaustumėte kaltas.

Kaip yra parašyta Jeremijo 4:4: „*Apsipjaustykite Viešpačiui ir pašalinkite nuo savo širdžių plėvelę, Judo žmonės ir Jeruzalės gyventojai, kad neišsiveržtų kaip ugnis mano rūstybė ir neužsidegtų neužgesinamai dėl jūsų piktų darbų,"* širdies apipjaustymas – tai plėvelės nuo savo širdžių pašalinimas.

Plėvelės nuo savo širdžių pašalinimas reiškia sekti tuo, kas Dievo pasakyta Biblijoje, pavyzdžiui: „Daryk tai," „Nedaryk to," „Laikykis to," „Atsikratyk štai to." Kitaip tariant, tai reiškia, kad savo širdies apvalymu ir jos pripildymu tiesa, reikia atsikratyti visko, kas prieštarauja Dievo Žodžiui, pavyzdžiui, netiesos, piktumo, neteisumo, įstatymų nepaisymo ir tamsos.

Todėl jūs turite Dievo Žodį padaryti savo maistu, elgdamiesi pagal jį sugerti maistingus elementus ir pašalinti blogio ir netiesos atliekas, priklausančias tamsai. Kuomet apipjaustote savo širdį, galite dvasiškai augti.

Kai tampate dvasiniu ir teisiu žmogumi, ir kaip atliekas pašalinate nuodėmes bei blogį, tuomet turite bendravimą su Dievu. Tada, kadangi turite šį bendravimą, Jėzaus Kristaus kraujas gali jus apvalyti nuo jūsų nuodėmių.

Todėl turite ne tik priimti Jėzų Kristų bei būti paskelbtas teisiu, tačiau ir, valgydamas Žmogaus Sūnaus kūną ir gerdamas Jo kraują, bei apipjaustydamas savo širdį, tapti tikru teisiu žmogumi.

Tikras tikėjimas yra tikėjimas, lydimas veiksmų

Jūsų nuostabai, jūs matote daugybę žmonių, deramai

nesuprantančių tikėjimo prasmės. Kai kurie sako: „Argi nepakanka prasčiausiai vaikščioti į bažnyčią? Taigi vis vien gali būti išgelbėtas."

Jei jūs klausote Dievo Žodžio ir jį žinote, bet pagal jį nesielgiate, tai yra tik tokio pat lygio tikėjimas, kaip ir žinios jūsų galvoje, netikras tikėjimas. Taip jūs nebūsite išgelbėtas. Koks gi yra tas tikėjimas, kurį pripažįsta Dievas? Kaip galima būti išgelbėtam tikėjimu?

Tikra atgaila reikalauja nusigr žimo nuo nuod mi

1 Jono 1:8-9 parašyta: *„Jei sakome, kad neturime nuodėmės, – klaidiname patys save, ir nėra mumyse tiesos. Jeigu išpažįstame savo nuodėmes, Jis ištikimas ir teisingas, kad atleistų mums nuodėmes ir apvalytų mus nuo visų nedorybių."*

Kas gi yra jūsų nuodėmių išpažinimas?

Tarkime, kad Dievas jums liepia: „Kelias į rytus yra amžinasis gyvenimas ir mano valia, tad eik į rytus." Tačiau, jei jūs einate į vakarus, kaip ir ėjote, ir sakote: „Dieve, aš turėčiau eiti į rytus, bet einu į vakarus, taigi prašau, atleisk man," tai nėra išpažinimas. Tai nėra tikėjimas Dievu ar dievobaimingumas, bet atvirkščiai, pasityčiojimas iš Jo. Tikra atgaila – tai ne tik jūsų nuodėmių išpažinimas lūpomis, tačiau ir pilnas, veiksmais patvirtintas nusigręžimas nuo jūsų nuodėmių. Tik tuomet Dievas tai laiko atgaila ir duoda jums atleidimą.

Taip, kaip jūs mirsite, jei nevalgysite jokio maisto, nors ir žinote, kad gyvybei palaikyti reikalingas maistas, jūs nebūsite apvalyti Viešpaties krauju, jei jūs tik lūpomis išpažinsite savo nuodėmes, tačiau nuo jų nenusisuksite.

Tik jimas be darb negyvas

Jokūbo 2:22 parašyta: „*Ar matai, kad tikėjimas veikė kartu su jo darbais, ir darbais tikėjimas buvo atbaigtas?*" Toliau, 26 eilutėje, yra sakoma: „*Kaip kūnas be dvasios yra miręs, taip ir tikėjimas be darbų negyvas.*"

Daug žmonių vaikšto į bažnyčią, nes išgirdo, kad egzistuoja dangus ir pragaras. Tačiau, jei jie savo širdyje iš tiesų tuo netiki, nėra ir jokių darbų.

Tai yra tik kaip pažintinis tikėjimas, miręs tikėjimas.

Be to, jei jūs išpažįstate savo lūpomis, jog tikite, o gyvenate nuodėmėje, kaip galite sakyti, kad turite tikėjimą? Biblijoje sakoma, kad sąmoningai daroma nuodėmė yra blogiau už dėl nežinojimo daromą nuodėmę.

Kuomet išpažįstate „Aš tikiu," o darbų neparodote, galite manyti, kad turite tikėjimą, tačiau Dievas to nepriima, kaip tikro tikėjimo.

Išėję iš Egipto izraelitai patyrė daug Dievo darbų. Dievas perskyrė Raudonąją jūrą, davė jiems manos bei putpelių, saugojo juos debesies stulpu dieną ir ugnies stulpu naktį.

Tačiau, kuomet Dievas jiems liepė išžvalgyti Kanaano žemę, tik Jozuė ir Kalebas tikėjo Dievo Žodžiu ir galia. Rezultate, tie izraelitai, kurie nepakluso Dievui, nes neturėjo pakankamai stipraus tikėjimo įžengti į Kanaano žemę, keturiasdešimt metų kentė išmėginimus dykumoje, ir galiausiai ten mirė. Turite suvokti, kad tai neveiksminga, jei netikite ir nesielgiate pagal Dievo Žodį, nors ir patiriate Dievo darbus bei esate daugelio Dievo darbų liudininkai. Tikėjimas yra pilnas, kai yra veiksmai.

Tik tie, kurie laikosi statymo, tampa teisiais

Dievas mums sako Romiečiams 2:13: *„Ne įstatymo klausytojai teisūs Dievo akyse, bet įstatymo vykdytojai bus išteisinti."* Jūs netapsite teisiais vien tik lankydami tarnavimus ir klausydamiesi pamokslų. Jūs tampate teisiais tik tuomet, kuomet jūsų neteisi širdis virsta teisia širdimi, kai jūs elgiatės pagal Dievo Žodį.

Yra sakančių, kad galima išsigelbėti vien savo lūpomis vadinant Jėzų Kristų „Viešpačiu," nesuprantančių Romiečiams 10:13 *„kiekvienas, kuris šaukiasi Viešpaties vardo, bus išgelbėtas."* Tačiau tai yra klaidinga. O Izaijo 34:16 parašyta: *„niekam nepritrūks padėjėjo. Viešpats taip pasakė, ir Jo dvasia juos surinks."* Dievo Žodis turi padėjėją, Jis yra tobulas tik, kai yra paaiškinamas šio padėjėjo.

Romiečiams 10:9-10: *„Jeigu lūpomis išpažinsi Viešpatį Jėzų ir širdimi tikėsi, kad Dievas Jį prikėlė iš numirusių, būsi išgelbėtas. Nes širdimi tikima, ir taip įgyjamas teisumas, o lūpomis išpažįstama, ir taip įgyjamas išgelbėjimas."* Tik tie, kurie iš tiesų tiki savo širdyje, kad Jėzus prisikėlė, gali atlikti teisingą išpažinimą, nes gyvena pagal Dievo Žodį.

Atlikdami išpažinimą tokiu tikru tikėjimu ir augdami teisume, jie bus išgelbėti. Bet tie, kurie neišpažįstą tokiu tikru tikėjimu, negali būti išgelbėti.

Štai kodėl Mato 13:49-50 Jėzus pasakė: *„Taip bus ir pasaulio pabaigoje: išeis angelai, išrankios bloguosius iš gerųjų ir įmes juos į ugnies krosnį. Ten bus verksmas ir dantų griežimas."*
Čia „gerieji" reiškia visus, atpažįstančius Dievą ir teigiančius, kad turi tikėjimą. „Išrankios bloguosius iš gerųjų" reiškia, kad tie, kurie nesielgia pagal Dievo Žodį negali būti išgelbėti, net, jei lanko bažnyčią ir gyvena krikščionišką gyvenimą.

Dievas iš ties nori, kad širdys b t apipjaustytos

Dievas nori, kad Jo vaikai būtų tokie tobuli. Tad Jis sako: *„Bet, kaip šventas yra Tas, kuris jus pašaukė, taip ir jūs būkite šventi visu savo elgesiu"* (1 Petro 1:15) ir *„Taigi būkite tobuli, kaip ir jūsų Tėvas, kuris danguje, yra tobulas"* (Mato 5:48).
Senojo Testamento laikais žmonės tapdavo išgelbėti savo darbais, kaip provaizdžiu to, kas turėjo ateiti, bet Naujojo Testamento laikais, kuomet Jėzus Kristus meilėje įvykdė įstatymą, jūs esate išgelbėti tikėjimu.
„Būti išgelbėtam įstatymo darbais" reiškia, kad net, jei jūsų širdis būtų sutepta, pavyzdžiui, noru žudyti, neapykanta, svetimavimo geismu, melu ir taip toliau, tai nesiskaitytų nuodėme, jei tai nebūtų išreikšta veiksmais.
Dievas nesmerkė žmonių, jei jie nepadarydavo neteisingų veiksmų, nes Senojo Testamento laikais be Šventosios Dvasios jie

patys negalėjo atsikratyti nuodėmių. Tačiau Naujojo Testamento laikais jūs esate išgelbėtas tik tada, kai, padedamas Šventosios Dvasios, tikėjimu apipjaustote savo širdį, nes jums yra duota Šventoji Dvasia. Šventoji Dvasia leidžia jums suprasti skirtumą tarp nuodėmės ir teisumo, ir teismą, bei suteikia jums sugebėjimų gyventi pagal Dievo Žodį. Todėl jūs galite atsiskirti nuo netiesos ir, Šventosios Dvasios pagalba, apipjaustyti savo širdį.

Jūs turite suvokti, kad Dievas iš tiesų prašo jūsų apipjaustyti savo širdį, atsikratyti nuodėmių, būti šventais, ir būti dieviškosios prigimties dalininkais. Apaštalas Paulius žinojo šitą Dievo valią ir mokė širdies, o ne kūno apipjaustymo (Romiečiams 2:28-29). Jis siūlė priešintis nuodėmei net iki kraujų, žvelgiant vien į Kristų, mūsų tikėjimo ištobulintoją (Žydams 12:1-4).

Aš tikiuosi, kad jūs turėsite tikrą tikėjimą, lydimą darbų, suvokdami, jog negalėsite įeiti į dangų vien šaukdami „Viešpatie, Viešpatie,“ bet vaikščiodami šviesoje ir apipjaustydami savo širdį.

9 Skyrius

GIMIMAS IŠ VANDENS IR DVASIOS

- Nikodemas ateina pas Jėzų
- Jėzus patobulina Nikodemo dvasinį supratimą
- Gimimas iš vandens ir Dvasios
- Trys liudytojai: Dvasia, vanduo ir kraujas

Buvo vienas fariziejus, vardu Nikodemas, žydų vyresnysis. Jis atėjo naktį pas Jėzų ir kreipėsi į Jį: „Rabi, mes žinome, kad esi mokytojas, atėjęs nuo Dievo, nes niekas negalėtų daryti tokių ženklų, kokius Tu darai, jeigu Dievas nebūtų su juo." Jėzus jam atsakė: „Iš tiesų, iš tiesų sakau tau: jei kas negims iš naujo, negalės regėti Dievo karalystės." Nikodemas paklausė: „Bet kaip gali gimti žmogus, būdamas senas? Argi jis gali antrą kartą įeiti į savo motinos įsčias ir gimti?" Jėzus jam atsakė: „Iš tiesų, iš tiesų sakau tau: jei kas negims iš naujo, negalės regėti Dievo karalystės."

Jono 3 :1-5

Dievas siuntė Jėzų Kristų, savo vienintelį Sūnų, ir atvėrė išgelbėjimo duris. Kas priima Jį, gauna teisę tapti Dievo vaiku ir turėti palaimintą amžiną gyvenimą. Tačiau, mūsų laikais daugelis žmonių neturi šio išgelbėjimo įsitikinimo, nors jie ir priėmė Jėzų Kristų. Be to, kai kurie tvirtina, kad priėmė išgelbėjimą, bet jiems trūksta tikėjimo, kad jie tikrai būtų išgelbėti. Kiti sako, kad yra išgelbėti tik dėl to, kad vieną kartą buvo priėmę Šventąją Dvasią, bet vėliau nesirūpino savo gyvenimu.

Norėdami užbaigti šį pamokslą apie kryžių, istorijos apie Nikodemą pagrindu sužinokime, kaip galima pasiekti tobulą išgelbėjimą nuo tos akimirkos, kai priimame Jėzų Kristų.

Nikodemas ateina pas Jėzų

Jėzaus laikais fariziejai ypatingai gerbė Mozės įstatymą ir laikėsi senolių tradicijų. Tai buvo religijos lyderiai tarp išrinktųjų izraelitų, kurie tikėjo Dievo suverenumu, prisikėlimu, angelais, galutiniu Teismu ir Mesijo atėjimu.

Tačiau Jėzus nuolatos juos peikė: „Vargas jums, fariziejai." Jie kaip veidmainiai savo išore atrodydavo šventi prieš žmones, o viduje buvo pilni gobšumo ir nesusilaikymo, kaip pabaltinti kapai (Mato 23:25-36).

Nikodemas tur jo ger šird

Nikodemas buvo vienas iš fariziejų, kuris priklausė Sinedrionui – žydų valdančiai tarybai. Tačiau, kitaip nei kiti fariziejai, jis nepersekiojo Jėzaus. Atvirkščiai, pamatęs Jėzaus daromus stebuklus ir rodomus ženklus, jis tikėjo, kad Jėzus atėjęs iš Dievo. Nikodemas, turėdamas gerą širdį, norėjo sužinoti, kas buvo Jėzus.

Jono 7:51 Nikodemas, gindamas Jėzų, klausia fariziejų, norėjusių sučiupti Jėzų: *„Argi mūsų Įstatymas teisia žmogų, jeigu jis pirmiau neišklausytas ir nežinoma, ką jis padaręs?"* Kadangi jis buvo Sinedriono narys, jam buvo tikrai nelengva taip kalbėti. Net ir mūsų laikais, jeigu vyriausybė draudžia ar varžo krikščionybę savo įstatymais, pareigūnai negali laikytis krikščionybės pozicijų. Panašiai ir izraelitai tais laikais visas kitas religijas, nepriklausančias judaizmui, vadino melagingomis. Nikodemas žinojo, kad jam grėsė atskyrimas nuo bažnyčios, jei jis stovėtų Jėzaus pusėje.

Vis dėlto Nikodemas nusprendė apginti Jėzų. Tai parodė, kad jis buvo ištikimas ir tvirtai tikėjo Jėzumi.

Jono 19:39-40 aprašyti įvykiai iš karto po Jėzaus mirties ant kryžiaus:

Taip pat atvyko ir Nikodemas, kuris anksčiau buvo atėjęs pas Jėzų naktia. Jis atsivežė apie šimtą svarų miros ir alavijo mišinio. Taigi jie paėmė Jėzaus kūną ir suvyniojo į drobules su kvepalais, kaip reikalavo žydų laidojimo paprotys.

Taigi, Nikodemas tikėjo, jos Jėzus buvo Dievo pasiuntinys, ir tarnavo Jėzui ištikimai net ir po Jo nukryžiavimo, tad gavo išgelbėjimą, tikėdamas Jo prisikėlimu.

Nikodemas ateina pas J z

Jono 3 skyriuje yra aprašytas dialogas tarp Jėzaus ir Nikodemo dar prieš jam supratus, kas yra tiesos dvasia.

Kartą naktį Nikodemas atėjo pas Jėzų ir kreipėsi į Jį: *"Rabi, mes žinome, kad esi mokytojas, atėjęs nuo Dievo, nes niekas negalėtų daryti tokių ženklų, kokius Tu darai, jeigu Dievas nebūtų su juo."* (2 eil.).

Pirma Nikodemas nežinojo, kad Jėzus buvo Mesijas ir Dievo Sūnus. Tačiau, pamatęs Jėzaus daromus stebuklus, Nikodemas tai suprato ir išpažino Jėzų kaip Dievo pasiuntinį, kadangi turėjo gerą sąžinę. Savo tyra sąžine jis žinojo, kad tik Visagalis Dievas galėjo prikelti mirusius, duoti regėjimą akliems, luošiems leisti stovėti ir išgydyti raupsuotus.

Kodėl gi jis atėjo pas Jėzų naktį? Jis buvo iš tų žmonių, kurie nenori atvirai lankyti bažnyčios, nes neturi pakankamai tikėjimo Dievu Kūrėju.

Nors Nikodemas ir turėjo gerą širdį, jam pristigo tikro tikėjimo. Jis nebuvo tikras, ar Jėzus buvo Dievo Sūnus ir Mesijas, todėl jis negalėjo ateiti pas Jėzų dienos metu ir atėjo naktį.

Jėzus patobulina Nikodemo dvasinį supratimą

Štai Jėzaus atsakymas Nikodemui: *„Iš tiesų, iš tiesų sakau tau: jei kas negims iš naujo, negalės regėti Dievo karalystės.“* (Jono 3:3). Tačiau, Nikodemui tai buvo visiškai nesuprantama. Tuomet jis vėl paklausė: „Bet kaip gali gimti žmogus, būdamas senas?“ Jis neturėjo dvasinio tikėjimo, todėl jam kilo klausimas: „Senas žmogus miršta ir grįžta į žemę, tai kaip gi jis gali gimti iš naujo?“

Tuomet Jėzus paaiškino jam gimimą iš vandens ir Dvasios: *„Iš tiesų, iš tiesų sakau tau: jei kas negims iš naujo, negalės įeiti į Dievo karalystę. Kas gimė iš kūno, yra kūnas, o kas gimė iš Dvasios, yra dvasia.“* (5-6 eil.).

Kai Nikodemas paprašė paaiškinimo, Jėzus pateikė jam palyginimą: *„Vėjas pučia, kur nori; jo ošimą girdi, bet nežinai, iš kur ateina ir kurlink nueina. Taip yra su kiekvienu, kuris gimė iš Dvasios.“* (8 eil.).

Po Adomo nepaklusnumo visų žmonių dvasios buvo mirusios, tad visi buvome skirti mirčiai. Tačiau, žmogiškoji dvasia atgimsta, kai įvyksta gimimas iš Šventosios Dvasios. Tapdamas dvasišku, žmogus vėl atspindi Dievo atvaizdą ir tampa išgelbėtas. Tačiau, Nikodemas nesuprato, ką turėjo omenyje Jėzus (9 eil.).

Tad jis paklausė: „Kaip tai gali būti?“ Jėzus atsakė jam:

Jei netikite man kalbant apie žemiškuosius dalykus, tai

kaipgi tikėsite, jei kalbėsiu jums apie dangiškuosius?
Niekas nėra pakilęs į dangų, kaip tik Tas, kuris nužengė
iš dangaus, – Žmogaus Sūnus, esantis danguje. Kaip
Mozė dykumoje iškėlė gyvatę, taip turi būti iškeltas
Žmogaus Sūnus, kad kiekvienas, kuris Jį tiki, nepražūtų,
bet turėtų amžinąjį gyvenimą. (12-15 eil.).

Skaičių 21:4-9 izraelitai, išėję iš Egipto, pradėjo kalbėti prieš Mozę, kadangi jų kelionė į Kanaaną buvo nepakenčiamai sunki. Tuomet Dievas nusigręžė nuo jų ir siuntė jiems nuodingas gyvates, kurios pradėjo kandžioti žmones. Kai jie šaukėsi pagalbos, Dievas liepė Mozei padaryti varinę gyvatę ir pritvirtinti ją ant stulpo. Dievas gelbėjo tuos, kurie į ją žiūrėjo, o užsispyrę žmonės mirė, nes netikėjo ir nenorėjo į ją žiūrėti.

Dievo Žodžio dvasinis supratimas

Kodėl Dievas liepė Mozei padaryti varinę gyvatę ir iškelti ją ant stulpo? Iš Pradžios 3:14 žinome, kad gyvatė buvo prakeikta. Be to Galatams 3:13 yra parašyta: „*Prakeiktas kiekvienas, kuris kybo ant medžio.*"

Taigi, varinės gyvatės iškėlimas ant stulpo simbolizavo Jėzų, kuris turėjo būti iškeltas ant medinio kryžiaus, kaip ta prakeiktoji gyvatė, kad atpirktų jus. Be to, panašiai kaip kiekvienas pažiūrėjęs į tą varinę gyvatę, išgyvendavo, taip ir tikintis Jėzumi Kristumi, bus išgelbėtas.

Nikodemas negalėjo suprasti Dievo Žodžio reikšmės,

kadangi dar nebuvo gimęs iš vandens ir Dvasios, ir jo dvasinės akys dar buvo užmerktos.

Šiandien taip pat, jei negimsite iš vandens ir Dvasios, jūsų dvasinės akys bus užmerktos, negalėsite suprasti dvasinio pamokslo prasmės, nes priimsite tai pažodžiui, turėsite neteisingą nuomonę.

Norėdami suprasti dvasinę Dievo Žodžio prasmę per Šventosios Dvasios įkvėpimą, turite uoliai melstis. Tuomet Dievo malonė atvers jūsų širdį ir jūs suprasite Dievo Žodį, gausite tikrą tikėjimą.

Gimimas iš vandens ir Dvasios

Kai Nikodemas atvyko naktį, Jėzus jam pasakė: „*Iš tiesų, iš tiesų sakau tau: jei kas negims iš vandens ir Dvasios, negalės įeiti į Dievo karalystę. Kas gimė iš kūno, yra kūnas, o kas gimė iš Dvasios, yra dvasia.*" (Jono 3:5-6).

Paaiškinkime, kas yra gimimas iš vandens ir Dvasios. Kaip gi galima gimti iš vandens ir Dvasios ir gauti išgelbėjimą?

Vanduo simbolizuoja Amžinojo Gyvenimo Vanden

Vanduo malšina troškulį ir pagerina vidinių kūno organų veiklą. Be to, jis valo organizmą ir išorės ir vidaus.

Taigi, Jėzus palygino amžino gyvenimo vandenį su paprastu vandeniu, norėdamas parodyti, kad jis išvalo žmogų ir suteikia jam gyvybės.

Jono 4:14 Jėzus mums sako: „*O kas gers vandenį, kurį Aš jam duosiu, tas nebetrokš per amžius, ir vanduo, kurį jam duosiu, taps jame versme vandens, trykštančio į amžinąjį gyvenimą.*" Kai geri vandenį, kurį laiką netrokši, tačiau, galų gale, vėl pajausi troškulį. Vanduo Raštuose simbolizuoja amžiną gyvenimą. Geriantis Jėzaus duodamą vandenį niekada netrokš vėl. Būtent vanduo, trykštantis į amžinąjį gyvenimą, suteikia jums gyvybės.

Jono 6:54-55 parašyta: „*Kas valgo mano kūną ir geria mano kraują, tas turi amžinąjį gyvenimą, ir Aš jį prikelsiu paskutiniąją dieną. Nes mano kūnas tikrai yra valgis, ir mano kraujas tikrai yra gėrimas.*" Taigi, Jėzaus kūnas ir kraujas yra amžinasis vanduo.

Be to, jo „kūnas" reiškia Biblijos Žodį, nes Jėzus yra Žodis, atėjęs į šį pasaulį kūne. Jo kūno valgymas reiškia Jo Žodžio saugojimą mintyse per Biblijos skaitymą.

Jėzaus kraujas yra gyvybė, o gyvybė yra tiesa. Tiesa yra Kristus, o Kristus yra Dievo jėga. Visa tai yra Jėzaus kraujyje. Kadangi Dievo jėga ateina per tikėjimą, Jėzaus kraujo gėrimas reiškia paklusnumą Jo Žodžiui per tikėjimą.

Sužinojome, kad vanduo dvasine prasme reiškia Jėzaus kūną, o tai yra Dievo Žodis, Dievo Avinėlis. Kaip vanduo apvalo jūsų kūną, taip Dievo Žodis nuplauna nuo jūsų širdies nešvarumus.

Todėl bažnyčioje jus krikštija vandenyje, o krikštas simbolizuoja tai, kad esate Dievo vaikas ir jūsų nuodėmės atleistos. Be to, tai reiškia, kad turite galvoti apie Dievo Žodį ir būti apvalytais Juo kasdien.

Gimti iš naujo per vanden

Tuomet kaip galima apvalyti savo širdį nuo nešvarumų per Dievo Žodį, kuris yra amžinasis vanduo?

Dievas paliko mums keturis paliepimų tipus: „darykite", „nedarykite," „vykdykite" ir „atsikratykite." Pavyzdžiui, Dievas liepė jums nepraktikuoti tokių dalykų, kaip pavydas, neapykanta, smerkimas, vagystė, svetimavimas ir žudymas. Tuo pačiu laiku turite vengti to, kas yra draudžiama ir atsikratyti viso pikto. Taip pat privalu laikytis sabato, evangelizuoti, melstis ir mylėti vienas kitą. Tuomet jūsų širdis palaipsniui prisipildys tiesa per Šventosios Dvasios veikimą, ir Dievo Žodis apvalys jus nuo neteisumo ar nuodėmės. Tokiu būdu jūsų širdis bus apipjaustyta ir taps ištikima per Dievo Žodžio vykdymą, o tai ir yra „gimimas nuo vandens."

Taigi, norėdami gauti pilną išgelbėjimą, turite ne tik priimti Jėzų, bet ir apipjaustyti savo širdį, paklusdami Dievo Žodžiui kiekvieną savo gyvenimo akimirką.

Gimti iš naujo nuo Dvasios

Norėdami gauti išgelbėjimą, turite gimti ne tik iš vandens, bet ir nuo Dvasios. Kaip gi galima gimti nuo Dvasios? Apaštalų Darbų 19:2 apaštalas Paulius paklausė kai kurių mokinių: „Ar įtikėję gavote Šventąją Dvasią?" O kas yra gauti Šventąją Dvasią?

Pirmasis žmogus Adomas buvo sudarytas iš dvasios, sielos ir kūno (1 Tesalonikiečiams 5:23), tačiau dėl nepaklusnumo jo dvasia tapo mirusi. Toliau jis tapo padaru, kuris buvo niekuo geresnis už gyvulius, turinčius sielą ir kūną (Ekleziasto 3:18).

Jei atgailauji dėl savo nuodėmių, pripažindamas, kad esi nusidėjėlis, Dievas suteikia Šventąją Dvasią kaip dovaną, parodydamas, kad esi Jo vaikas (Ap. Darbų 2: 38).

Visi Dievo vaikai, gavę Šventąją Dvasią, Dievo Žodžio pagalba moka atskirti gėrį nuo blogio ir gyventi pagal Dievo Žodį per dangaus jėgą ir stiprybę, uoliai ir nuolatos melsdamiesi. Tokiu būdu susijungi su tiesa ir gauni dvasinį tikėjimą, ir taip per Šventąją Dvasią gimsta dvasia. Jono 3:6 parašyta: *„Kas gimė iš kūno, yra kūnas, o kas gimė iš Dvasios, yra dvasia,"* o Jono 6:63 yra sakoma: *„Dvasia teikia gyvybę, o kūnas nieko neduoda. Žodžiai, kuriuos jums kalbu, yra dvasia ir gyvenimas."*

Tapti dvasiniu žmogumi, kuris vadovaujasi Švent ja Dvasia

Kai gimstate iš vandens ir Šventosios Dvasios, jūs gaunate dangaus pilietybę (Filipiečiams 3:20). Kaip visi Dievo vaikai lankote garbinimo tarnavimus, šlovinate Jį su džiaugsmu ir stengiatės gyventi šviesoje.

Prieš Šventosios Dvasios gavimą gyvenote tamsoje, nes nežinojote tiesos. Tačiau, gavę Šventąją Dvasią, stengiatės gyventi šviesoje.

Su laiku suprantate, kad net turėdami džiaugsmą širdyje, viduje nuolatos išgyvenate kovą. Taip vyksta todėl, kad Dvasios įstatymas, kuris vykdo Šventosios Dvasios norus, kariauja su nuodėmingos prigimties įstatymu, kuris pripažįsta kūno geismus, akių geismus ir pagyrūnišką gyvenimo išdidumą (1 Jono 2:16). Apaštalas Paulius minėjo apie šią kovą: *„Juk kaip vidinis žmogus aš gėriuosi Dievo įstatymu. Bet savo nariuose matau kitą įstatymą, kovojantį su mano proto įstatymu, ir paverčiantį mane belaisviu nuodėmės įstatymo, kuris yra mano nariuose. Vargšas aš žmogus! Kas išlaisvins mane iš šito mirties kūno!"* (Romiečiams 7:22-24).

Kai gimstate iš vandens ir Dvasios, jūs tampate Dievo vaiku. Tai dar nereiškia, kad dvasiškai esate tobulas žmogus.

Štai kodėl Galatams 5:16-17 yra parašyta: *„Sakau: gyvenkite Dvasia, ir jūs nevykdysite kūno geismų. Nes kūnas geidžia priešingo Dvasiai, o Dvasia – kūnui; jie vienas kitam priešingi, todėl negalite daryti visko, ko norėtumėte."*

Norėdami sekti Šventąja Dvasia, turite gyventi pagal Dievo Žodį ir daryti tai, kas Dievui yra malonu ir priimtina. Taigi, jeigu vykdysite Dvasios norus, nebūsite gundomi ir galėsite nukauti priešą velnią ir šėtoną, kurstantį jus sekti nuodėmingos prigimties norais. Jūs galite gyventi pagal tiesą ir ištikimai pasišvęsti Dievo karalystei ir Jo teisumui.

Kai sekate Šventosios Dvasios norais, jus pripildo džiaugsmas ir taika. Tačiau, jeigu gyvensite pagal nuodėmingos prigimties norus, būsite vargšai ir nelaimingi.

Kai jūsų tikėjimas išaugs, galėsite atsikratyti savo nuodėmių ir visais atvejais gyventi pagal Šventosios Dvasios norus. Norai gyventi pagal nuodėmingą prigimtį išnyks. Be to, jums daugiau nebereikės stengtis atsikratyti nuodėmių ir vėl būti nelaimingais. Galėsite džiaugtis visose aplinkybėse.

Dievui patinka tie, kurie gyvena pagal Dvasios norus. Jis

suteikia tai, ko geidžia jų širdis, kaip Jis pažadėjo Psalmių 37:4: *"Gėrėkis Viešpačiu, ir Jis suteiks tau, ko geidžia tavo širdis."* Jeigu jūsų širdis pasikeis ir bus pripildyta tik tiesos, Dievui jūs labai įtiksite ir viskas bus jums įmanoma. Tikiuosi, kad jums pavyks gimti iš vandens ir Dvasios ir gyventi pagal Dvasios norus.

Trys liudytojai: Dvasia, vanduo ir kraujas

Kaip minėjau anksčiau, norėdami gauti išgelbėjimą, turite gimti ne tik iš vandens, bet ir nuo Dvasios. Tačiau, tam, kad gautumėte tobulą išgelbėjimą, turite apsivalyti nuo nuodėmių Jėzaus krauju, vaikščiodami šviesoje.

Jeigu jūsų širdis nėra apvalyta, jumyse dar gyvena nuodėmės. Taigi, jums reikalingas Jėzaus Kristaus kraujas, kad apsivalytumėte nuo likusių nuodėmių.

Apie tai yra parašyta 1 Jono 5:5-8:

O kas gi nugali pasaulį, jei ne tas, kuris tiki, kad Jėzus yra Dievo Sūnus? Jis yra Tas, kuris atėjo per vandenį ir kraują, – Jėzus Kristus; ne vien per vandenį, bet per vandenį ir kraują. Ir Dvasia tai liudija, nes Dvasia yra tiesa. Ir yra trys liudytojai žemėje: Dvasia, vanduo ir kraujas; ir šie trys sutaria kaip vienas.

Jėzus ateina per vandenį ir kraują

Jono 1:1 sakoma: „*Pradžioje buvo Žodis, tas Žodis buvo pas Dievą, ir Žodis buvo Dievas,*" o Jono 1:14 parašyta: „*Tas Žodis tapo kūnu ir gyveno tarp mūsų; mes regėjome Jo šlovę – šlovę Tėvo viengimio, pilno malonės ir tiesos.*" Tai reiškia, kad Jėzus, vienintelis Dievo Sūnus ir pats Dievo Žodis, atėjo į žemę kūne, kad atleistų mums nuodėmes. Iki šios dienos Jis vis valo mus Dievo Žodžiu – Biblija.

Tačiau jūs negalite gyventi pagal Dievo Žodį be Šventosios Dvasios pagalbos. Savo jėgomis nuodėmių neatsikratysime. Šventoji Dvasia jums turi suteikti pagalbos per uolią maldą, kad galėtumėte nusigręžti nuo kūno geismo, akių geismo ir gyvenimo išdidumo. Tik tuomet galėsite išvaryti netiesos tamsą iš savo širdies.

Be to, jums reikalingas Jo sruvantis kraujas, kad jums būtų atleista. Žydams 9:22 yra parašyta: „*Taip pat beveik viskas pagal įstatymą apvaloma krauju, ir be kraujo praliejimo nėra atleidimo.*" Jums reikalingas Jėzaus kraujas, kadangi tik Jo nepriekaištingas ir tyras kraujas suteikia atleidimą.

Turite įtikėti Jėzumi, kuris atėjo per vandenį ir kraują, ir gauti Šventosios Dvasios dovaną nuo Dievo, kad būtumėte išgelbėti, o tam jums reikia šių trijų elementų: Dvasios, vandens ir kraujo.

Jei nėra pralietas kraujas, tuomet nėra ir atleidimo, o tai reiškia, kad vis dar esate nuodėmėse. Jums reikalingas ne tik Žodis – vanduo – apvalymui, bet ir Šventoji Dvasia, kuri padėtų jums gyventi visiškai pagal šį Žodį. Taigi, šie trys sutaria kaip vienas.

O kai priimame Jėzų Kristų ir mums yra atleistos nuodėmės, turime dar gimti iš vandens ir Dvasios, kad gautumėme tobulą išgelbėjimą ir suprastumėme, kad Dvasia, vanduo ir kraujas kartu išgelbsti mus ir veda mus į Dangų.

10 skyrius

KAS YRA EREZIJA?

- Biblinis erezijos apibrėžimas
- Tiesos Dvasia ir klaidos dvasia

„Buvo tautoje ir netikrų pranašų, kaip ir tarp jūsų bus netikrų mokytojų, kurie paslapčia įves pražūtingų erezijų, išsigindami net juos atpirkusio Viešpaties, ir užsitrauks greitą žlugimą. Daugelis paseks jų pražūtingais keliais, ir dėl jų bus piktžodžiaujama tiesos keliui. Iš godumo jie išnaudos jus suktais žodžiais. Bet nuo seno pasmerkimas jų laukia ir žuvimas nesnaudžia.“

2 Petro 2 :1-3

Su materialistinės civilizacijos raida žmonės nusisuko nuo Dievo, pasikliaudami savo išmintimi ir žiniomis. Nuodėmė plito, o žmonių dvasios tamsėjo, žmonija tapo sugedusi. Daugelis žmonių yra apgauti melo, kadangi negali atskirti tiesos nuo netiesos. Jie vis kartoja savo klaidą – teisia kitus pagal savo teisumą, žinias ir teorijas.

Mato 12:22-32 Jėzus išgydė demonų apsėstą žmogų, kuris buvo aklas nebylys. Tačiau, kai fariziejai apie tai išgirdo, jie pasakė Mato 12:24: „*Jis išvaro demonus ne kitaip, kaip tik demonų valdovo Belzebulo jėga.*" Jie Dievo darbą pavadino demonišku.

Jėzus pasakė jiems Mato 12:31-32: „*Iš godumo jie išnaudos jus suktais žodžiais. Bet nuo seno pasmerkimas jų laukia ir žuvimas nesnaudžia. Jei kas tartų žodį prieš Žmogaus Sūnų, tam bus atleista, o kas kalbėtų prieš Šventąją Dvasią, tam nebus atleista nei šiame, nei būsimajame amžiuje.*"

Fariziejai padarė išvadą, kad Jėzaus veiksmas, padarytas Dievo jėga, iš tikrųjų buvo demono darbas. Prieštarauti Šventajai Dvasiai yra piktžodžiavimas Jai. Šiems fariziejams tai buvo neatleistina.

Jeigu pagal Bibliją tu matai aiškų skirtumą tarp tiesos ir melo, tu nesmerksi kitų žmonių ir nebūsi apgautas melo.

Įsigilinkime į tai, ką Dievas mano apie „erezijas,“ kaip galima atskirti Dievo Dvasią nuo piktųjų dvasių, ir sužinokime apie kai kurias erezijų sektas, kurių reikėtų vengti.

Biblinis erezijos apibrėžimas

Oksfordo žodynas duoda štai tokį „erezijos“ apibrėžimą – tai „įsitikinimas ar nuomonė, prieštaraujanti tam tikros religijos principams.“

Paulius apkaltintas tarsi es s nazarie i sektos vadeiva

Apaštalų Darbų 24:5 yra parašyta: „*Mes nustatėme šį žmogų esant tarsi marą. Jis kursto maištą viso pasaulio žydijoje ir yra nazariečių sektos vadeiva.*“ Čia „nazariečių sekta“ minima kaip „eretikų sekta,“ ir tai pirmoji vieta Biblijoje, kur atsiranda ši sąvoka.

Žydai apkaltino Paulių prieš valdytoją, manydami, kad Pauliaus pamokslauta evangelija buvo erezija. Paulius atmetė kaltinimą ir išpažino savo tikėjimą, tai aprašyta Apaštalų Darbų 24:13-16:

Jie negali įrodyti to, kuo dabar mane kaltina. Bet aš tau išpažįstu, jog tarnauju savo tėvų Dievui pagal Kelią, jų vadinamą sekta, tikėdamas visa, kas parašyta

Įstatyme ir Pranašuose, ir turiu viltį Dieve, kurią jie patys irgi pripažįsta, jog bus prisikėlimas iš numirusių – tiek teisiųjų, tiek neteisiųjų. Todėl stengiuosi visuomet turėti tyrą sąžinę prieš Dievą ir prieš žmones.

Ar gal jo apaštalas Paulius b ti eretiku?

Erezijos apibrėžimo reikia ieškoti Biblijoje, kadangi Biblija yra Dievo – vienintelio Asmens, galinčio atskirti tiesą nuo netiesos – Žodis. Erezijos apibrėžimas yra svarstomas 2 Petro 2:1:

Buvo tautoje ir netikrų pranašų, kaip ir tarp jūsų bus netikrų mokytojų, kurie paslapčia įves pražūtingų erezijų, išsigindami net juos atpirkusio Viešpaties, ir užsitrauks greitą žlugimą.

„Juos atpirkęs Viešpats" – tai Jėzus Kristus. Žmonės nuo pat pradžių priklausė Dievui ir gyveno pagal Jo valią. Deja, dėl savo nepaklusnumo Adomas tapo nusidėjėliu ir pakliuvo į velnio rankas. Tačiau, Dievas pasigailėjo žmonių, kurie buvo pasmerkti mirčiai. Dievas siuntė Jėzų, savo vienintelį Sūnų, kaip taikią auką ir leido, kad žmonės Jį nukryžiuotų. Tokiu būdu per savo kraują Jis galėjo atverti išganymo kelią.

Dievas stengėsi dėl mūsų – žmonių, kurie kadaise priklausė velniui – kad atleistų mūsų nuodėmes, jei tikime Jėzumi Kristumi. Mes vėl gauname gyvenimą ir priklausome Dievui. Štai kodėl galime teigti, kad Jėzus atpirko mus per savo kryžių, ir Biblijoje sakoma, kad Jėzus yra „juos atpirkęs Viešpats."

Eretikai atmeta J z Krist

Dabar žinome, kad „eretikai" – tai tie, kurie „išsigina net juos atpirkusio Viešpaties, ir užsitrauks greitą žlugimą." (2 Petro 2:1). Šis terminas tapo vartojamas tik tuomet, kai Jėzus jau baigė savo Išgelbėtojo misiją žemėje. Vardas „Jėzus" reiškia „žmogų, kuris išgelbės Savo žmones iš jų nuodėmių." „Kristus" – tai „Pateptasis." Jėzus tapo Išgelbėtoju tik tuomet, kai įvykdė savo darbą – buvo nukryžiuotas ir prisikėlė.

Štai kodėl šio termino nėra Mato, Morkaus, Luko ir Jono evangelijose, kuriose yra aprašytas Jėzaus gyvenimas. Netgi fariziejai, įstatymo mokytojai bei kunigai, persekioję Jėzų, nenaudojo šio termino. Nevartojo jo ir aukščiausi kunigai.

Tik po Jėzaus prisikėlimo, kai Kristus baigė savo misiją, atsirado žmonės, kurie „išsigindavo net juos atpirkusio Viešpaties." Ir tik tuomet Biblijoje atsirado perspėjimai dėl šių eretikų.

Tuomet, jei žmonės tiki, kad Jėzus Kristus yra „juos atpirkęs Viešpats," jie nėra eretikai. Tačiau, jeigu to išsigina, jie yra eretikai.

Apaštalas Paulius neišsižadėjo savo brangiu krauju jo atpirkusio Jėzaus Kristaus. Atvirkščiai, Paulius dėkojo Jėzui Kristui, kurį skelbė kur beeidavo. Už tai Paulius buvo persekiojamas ir daug kentėjo. Penkiskart jis po trisdešimt devynis kartus buvo žydų plakamas botagu. Vieną kartą jis buvo sumuštas akmenimis. Jis sėdėjo kalėjime, buvo persekiojamas pagonių ir savo tautiečių, buvo išduotas žmonių, kuriais jis pasitikėjo. Nepaisant viso to, Paulius tapo didžiu karžygiu, nugalėjęs tas kančias džiaugsmu ir dėkingumu, šlovindamas Dievą už daugelio žmonių išgydymus per Jėzaus Kristaus Vardą, kol jis mirė kaip kankinys.

Paulius pamokslavo Evangelij, rodydamas Dievo
Jėg

Reikia žinoti, kad Dievo jėga negali būti rodoma per tuos, kurie neigia Dievą Kūrėją, Jėzų Kristų, kuris yra pati Dievo širdis, nes Biblijoje aiškiai parašyta: *„Kartą Dievas kalbėjo, du kartus girdėjau tai: galybė priklauso Dievui“* (Psalmių 62:11). Negalima teisti žmogaus, kuris rodo Dievo jėgą, kadangi ta jėga įrodo, kad Dievas yra su juo, ir kad Jis labai jį myli. Laiške Galatams 1:6-8 Paulius, kuris buvo pravardžiuojamas nazariečių sektos vadeiva, griežtai perspėja nesekti žmonių, kurie pamokslauja kitą evangeliją, ne žinią apie kryžių:

> *Stebiuosi, kad jūs nuo To, kuris pašaukė jus į Kristaus malonę, taip greitai persimetate prie kitokios evangelijos, kuri, tarp kitko, nėra kitokia, o yra tik jus klaidinantys žmonės, norintys iškreipti Kristaus Evangeliją. Bet nors ir mes patys ar angelas iš dangaus jums skelbtų kitokią evangeliją, negu mes jums paskelbėme, – tebūnie prakeiktas!*

Juk ir šiandien kai kurie žmonės yra vadinami eretikais, nors jie niekada nebuvo išsiginę Jėzaus Kristaus, o tik pamokslavo Kristaus evangeliją ir skelbė Dievą, rodydami Jo jėgos veiksmus.

Nevadinkite žmoni eretikais nepagr stai

Aš taip pat atkakliai kentėjau nemažai išbandymų, kai buvau apkaltintas esąs eretikas, kai demonstravau Dievo jėgą ir mano bažnyčia augo. Narių skaičius išaugo iki daugiau negu 120 000 per mažau nei trisdešimt metų nuo to laiko, kai 1982 m. bažnyčia buvo įkurta.

Aš septynis metus kenčiau nuo daugelio ligų ir vieną kartą buvau išgydytas Dievo jėgos. Nuo tol stengiausi gyventi Dievo šlovei, net kai valgiau ar gėriau, kaip tai darė apaštalas Paulius. Atidaviau savo gyvenimą į Dievo rankas, kad būtų „Vien Jėzus, visad tik Jėzus."

Net kai buvau paprastas bažnyčios narys, stengiausi liudyti apie tai, kad Dievas išgydė mane, ir pamokslauti evangeliją. Kai buvau pašauktas tapti Dievo tarnu, pradėjau pamokslauti žinią apie kryžių ir skelbti gyvąjį Dievą ir Išgelbėtoją Jėzų. Liudydavau apie Dievą net tuomet, kai vadovavau vestuvių ceremonijai, kadangi labai norėjau atvesti daugiau žmonių į išganymo kelią.

Tuomet supratau, kad liudijimui apie Viešpatį visuose pasaulio kraštuose reikalingas ne tik galingas Dievo Žodis, bet ir gyvojo Dievo įrodymai. Taigi aš karštai meldžiausi, kaip tai darė tikėjimo protėviai, kad gaučiau Dievo jėgą ir iškentėjau visus man suteiktus išbandymus su dėkingumu ir džiaugsmu.

Kai kurie išbandymai net grėsė mirtimi. Tačiau, kaip ir Jėzus pasiekė prisikėlimo šlovės po Jo nepriekaištingos mirties, taip Dievas didino ir mano jėgą pagal savo valią, kai aš vieną po kito įveikdavau savo išbandymus.

Galų gale, aš pradėjau visame pasaulyje nuolatos liudyti apie tai, kodėl Dievas yra vienintelis ir tikras Dievas, ir kodėl žmogus yra išgelbėtas, jei tiki Jėzumi Kristumi – Kenijoje, Ugandoje, Hondūre, Japonijoje, netgi fanatiškai musulmoniškame Pakistane ir induizmo valdomoje Indijoje – nuo 2000 m. tūkstančiai žmonių atgailavo, aklieji praregėjo, kurtieji išgirdo, nebylieji prabilo, nepagydomos ligos, tokios kaip AIDS ir įvairių formų vėžys, buvo įveiktos. Šie stebuklai didingai pašlovino Dievą.

Taigi, žmogus, kuris pilnai supranta, kas yra erezija, nevadina kitų eretikais neatsargiai. Apaštalų Darbų 5:33-42 skaitome apie Gamalielį, gerbiamą visų žmonių įstatymo mokytoją. Kaip jis pasielgė?

Tuo metu fariziejai iš Sinedriono uždraudė Petrui ir Jonui liudyti apie Jėzų Kristų, tačiau tie buvo kupini Šventosios Dvasios ir neklausė jų valios. Todėl Sinedriono nariai panoro nužudyti apaštalus. Bet Sinedrione atsistojo Gamalielis ir liepė jiems paleisti juos kuriam laikui. Tuomet jis tarė susirinkusiems:

Vyrai izraelitai! Gerai pagalvokite, kaip pasielgti su šitais žmonėmis. Juk prieš kiek laiko buvo iškilęs Teudas, kuris laikė save kažkuo nepaprastu. Prie jo prisidėjo apie keturis šimtus vyrų, bet jis buvo užmuštas, visi šalininkai išsisklaidė ir nuėjo niekais. Po jo, gyventojų surašymo dienomis, atsirado Judas Galilėjietis ir patraukė nemažai žmonių paskui save. Jis taip pat žuvo, o visi jo sekėjai buvo išblaškyti. Todėl dabar jums sakau: palikite šituos žmones ramybėje ir paleiskite juos. Jei šis sumanymas ir ši veikla iš žmonių,

– jie žlugs savaime, o jeigu tai iš Dievo, tai jūs nepajėgsite jų sunaikinti. Žiūrėkite, kad nepasirodytumėte kovojantys prieš Dievą! (Apaštalų Darbų 5:35-39).

Skaitydami šią ištrauką, matome štai ką: jei stebuklas buvo ne iš Dievo, galų gale jis žlugtų, net jei žmonės nieko nedarytų tam, kad jį sustabdytų. Ir netgi jeigu žmonės trukdys darbams, kurie yra iš Dievo, ar priešinsis jiems, sustabdyti jų jie negalės. Jų pastangos prilygs priešinimuisi pačiam Dievui, ir tuomet jiems priklausys Jo bausmė ir teismas.

Kartais žmonės vadina kitus eretikais dėl to, kad jie kitaip interpretuoja Bibliją, Šventosios Dvasios regėjimus ir netgi kalbas, nors jie visi pripažįsta trejybę ir tai, kad Jėzus Kristus atėjo kūne.

Kai kurie net tvirtina, kad kalbos ir regėjimai yra nereikalingi, ir kad šie Šventosios Dvasios darbai yra neteisingi, kadangi niekur nėra parašyta apie tai, kad Jėzus kalbėtų kalbomis ar matytų regėjimus. Tačiau Biblijoje yra parašyta, kad jie yra mūsų pačių labui:

Bet kiekvienam suteikiamas Dvasios pasireiškimas bendram labui. Vienam Dvasia suteikiamas išminties žodis, kitam ta pačia Dvasia – pažinimo žodis, kitam – tikėjimas ta pačia Dvasia, kitam – išgydymų dovanos ta pačia Dvasia, kitam – stebuklų darymas, kitam – pranašavimas, kitam – dvasių atpažinimas, kitam – skirtingos kalbos, kitam – kalbų aiškinimas. Bet visa tai daro viena ir ta pati Dvasia, kuri dalija kiekvienam atskirai, kaip Jai patinka. (1 Korintiečiams 12:7-11).

Todėl neverta smerkti ar vadinti tų, kurie turi įvairių Dvasios dovanų, eretikais tik dėl to, kad viso to jūs patys neišgyvenote.

Tiesos Dvasia ir klaidos dvasia

2 Petro 2:1-3 yra paaiškinta, kas yra erezija. Biblija perspėja žmones apie klaidingus pranašus ir mokytojus, kurie slaptai atneš pražūtingas erezijas. *„Daugelis paseks jų pražūtingais keliais, ir dėl jų bus piktžodžiaujama tiesos keliui. Iš godumo jie išnaudos jus suktais žodžiais. Bet nuo seno pasmerkimas jų laukia ir žuvimas nesnaudžia."* (2 Petro 2:2-3)

Be to 1 Jono 4:1-3 parašyta: *„Mylimieji, ne kiekviena dvasia tikėkite, bet ištirkite dvasias, ar jos iš Dievo, nes pasklido pasaulyje daug netikrų pranašų. Iš to pažinsite Dievo Dvasią: kiekviena dvasia, kuri išpažįsta Jėzų Kristų kūne atėjusį, yra iš Dievo, ir kiekviena dvasia, kuri neišpažįsta Jėzaus Kristaus kūne atėjusio, nėra iš Dievo. Tokia – iš antikristo, apie kurį girdėjote, kad jis ateisiąs. Jis jau dabar yra pasaulyje."*

Ištirkite dvasias, ar jos iš Dievo

Yra gerosios dvasios iš Dievo, kurios veda į išgelbėjimą, ir yra piktosios dvasios, kurios suklaidina ir veda į pražūtį.

Žmogus, gavęs Dievo Dvasią, pripažįsta, kad Jėzus Kristus

atėjo kūne. Jis tiki trejybe – Dievu, Jėzumi Kristumi ir Dvasia – tad yra užantspauduotas kaip Dievo vaikas. Jis supranta tiesą ir gyvena pagal ją, Dvasios padedamas.

Tačiau, žmogus su antikristo dvasia priešinasi Jėzui Kristui, Dievo Žodžiui ir atmeta Jo atpirkimą. Reikia būti atsargiems, kad atskirtumėme antikristus, kadangi antikristas dažnai veikia tikinčiųjų tarpe, piktnaudžiaudamas Dievo Žodžiu.

Bet kokiu atveju Jėzaus Kristaus atmetimas niekuo nesiskiria nuo priešinimosi Dievui, kuris ir siuntė Jį į šį pasaulį.

Biblija perspėja mus apie antikristą 2 Jono 1:7-8 tokiais žodžiais:

> *Po pasaulį pasklido daug suvedžiotojų, kurie neišpažįsta Jėzaus Kristaus, atėjusio kūne. Toks yra apgavikas ir antikristas. Žiūrėkime savęs, kad neprarastume, ką esame nuveikę, bet kad gautume visą atlygį.*

1 Jono 2:19 mums yra parašytas dar vienas perspėjimas:

> *Jie yra išėję iš mūsų, tačiau nebuvo mūsiškai. Jeigu jie būtų buvę mūsiškai, jie būtų likę su mumis. Bet turėjo paaiškėti, jog ne visi yra mūsiškai.*

Yra du antikristo tipai: žmogus, apsėstas antikristo dvasios, ir žmogus, apgautas antikristo dvasios. Ir tas, ir anas bandys apgauti žmones, kuriuose gyvena Šventoji Dvasia. Jie apgauna žmones, kad tie priešintųsi Dievo Žodžiui, ir apgautų patys save savo mintimis. Žmonės, kurių mintys yra visiškai valdomos antikristo dvasios, yra vadinami „demonų apsėstais."

Jeigu tarnautojas užsikrėstų antikristo dvasia, jo bažnyčios nariai žengtų tiesiai į žlugimą, pagauti antikristo dvasios.

Taigi, reikia gerai atskirti tiesos Dvasią nuo klaidos dvasios, kad nebūtumėme apgauti antikristo dvasios ir gyventumėme tiesoje ir šviesoje.

Kaip atskirti dvasias

1 Jono 4:5-6 teigiama: *„Jie yra iš pasaulio, todėl kalba kaip iš pasaulio, ir pasaulis jų klauso. Mes esame iš Dievo. Kas pažįsta Dievą, tas mūsų klauso, o kas ne iš Dievo – mūsų neklauso. Iš to pažįstame tiesos Dvasią ir klaidos dvasią."*

Terminas „klaida" reiškia „neteisingas teiginys, išreiškiantis melą." Klaidos dvasia – tai pasaulietiška dvasia, kuri, apgaudama jus, priverčia tikėti neteisybe, lyg tai būtų tiesa, išversdama jus iš tikėjimo rėmų. Tiksliau kalbant, žmonės, kurie yra iš Dievo, klausosi Žodžio tiesos, tačiau priklausantys šiam pasauliui klausosi tik pasaulio kalbų, bet ne tiesos. Taigi, nesunku yra tai atskirti. Jeigu žinai tiesą, tau yra akivaizdu, kas tai yra – šviesa ar tamsa. Tuomet gali pasakyti: „Šis žmogus yra šviesoje, o anas – tamsoje."

Pavyzdžiui, jeigu sekmadienį žmogus sako: „Važiuojame į iškylą šiandienos popietę. Nueisime tik į rytinį tarnavimą. Man nesvarbu." Arba jeigu žmogus stengiasi sugriauti Dievo karalystę savo piktomis apgaulėmis ir tuo pačiu metu teigia, kad tiki Dievu, tai yra klaidos dvasios darbai.

Jūs turite galimybę suprasti daug dalykų, kuriuos Dievas gali suteikti dovanų, jeigu priimsite tiesos Dvasią, kuri yra iš Dievo (1 Korintiečiams 2:12). Būtent todėl Šventoji Dvasia ir gyvena tavyje, brangusis Dievo vaike. Ji yra tiesos Dvasia, kuri veda tave į visą tiesą. O Ji nekalba nuo savęs, Ji sako tik tai, ką girdi, ir Ji atskleis tau, kas bus ateityje.

Tad Jono 14:17 Jėzus sako: *„Tiesos Dvasią, kurios pasaulis neįstengia priimti, nes Jos nemato ir nepažįsta. O jūs Ją pažįstate, nes Ji yra su jumis ir bus jumyse."* Jono 15:26 yra dar vienas priminimas apie Šventąją Dvasią: *„Kai ateis Guodėjas, kurį jums atsiųsiu nuo Tėvo, – Tiesos Dvasia, kuri eina iš Tėvo, – Jis liudys apie mane."*

1 Korintiečiams 2:10 parašyta: *„Dievas mums tai apreiškė per savo Dvasią, nes Dvasia visa ištiria, net Dievo gelmes."* Kaip yra parašyta, būtent Šventoji Dvasia pilnai žino ir supranta Dievo mintis.

Todėl priėmusieji tiesos Dvasią klausosi tiesos Žodžio ir paklūsta jam. Kuo daugiau plečiasi Dievo karalystė ir Jo teisumas, tuo daugiau jie džiaugiasi. Jie trykšta gyvenimu, laukia dangiškosios karalystės.

Tačiau kai kurie žmonės lanko bažnyčią, neturėdami džiaugsmo, kadangi neturi Dievo duoto tikėjimo. Jie, kaip ir anksčiau, priklauso pasauliui ir teikia pirmenybę pasaulietiškiems dalykams, tokiems kaip pinigai ir pasilinksminimai. Taigi, jie negali gyventi tiesoje, ilgėtis dangiškosios karalystės ar mylėti Dievą visa savo širdimi.

Galiausiai, tokie žmonės palieka Dievą dėl klaidos dvasios, kadangi jie priklauso pasauliui ir neturi tiesos Dvasios. Taip pat, jei žmogus skleidžia paskalas ar šmeižia savo tikėjimo brolius ir seseris, ar savo pavydu sukelia problemų kitiems dėl to, kad jie yra ištikimi Dievo karalystei ir Jo teisumui, toks neturi tiesos Dvasios.

Neleiskite niekam suklaidinti jus

Apie tai yra perspėjama 1 Jono 3:7: *„Vaikeliai! Tegul niekas jūsų nesuklaidina! Vykdantis teisumą yra teisus, kaip ir Jis teisus.* " Nenusisukite nuo Dievo Žodžio, kad nebūtumėte suklaidinti neteisingų žinių, juk vien tik Dievo Žodis gali būti jūsų mokytoju. Tik tuomet priimsite pilną išganymą, būsite sėkmingi šiame gyvenime ir mėgausitės amžinuoju gyvenimu dangiškoje karalystėje.

Tačiau velnias padės visas pastangas tam, kad Dievo vaikai negyventų pagal Žodį, ir stums jus į kompromisą su šiuo pasauliu, vers jus nusisukti nuo Dievo, abejoti Juo ir priešintis Jam. 1 Petro 5:8 parašyta: *„Būkite blaivūs ir budrūs, nes jūsų priešas velnias slankioja aplinkui kaip riaumojantis liūtas, tykodamas kurį nors praryti.* "

Tuomet kaip gi mūsų priešas velnias ir šėtonas gali apgaudinėti Dievo vaikus? Tai galima palyginti su moterimi, kuri yra gundoma vyro. Jeigu moteris elgiasi maloningai, garbingai ir mandagiai, vyrai nedrįs jos gundyti. Ir priešingai – vyras gali lengvai suvilioti netinkamo elgesio moterį. Taip ir mūsų priešas velnias ir šėtonas artinsis prie tų, kurie neturi tvirtų pozicijų tiesoje ir abejoja Dievu. Velnias gundo tokius žmones, versdamas juos nusisukti nuo Dievo ir priešintis Jam, o galiausiai nuveda juos mirties keliu. Ieva taip pat buvo sugundyta velnio, kadangi buvo netikėtai užklupta iškreipto Dievo Žodžio. Žinoma, jūs galite susidurti su išbandymais, net jei neturite kaltės. O tai tik todėl, kad Dievas nori palaiminti jus, kaip tai pastebima Danieliaus išbandyme, kai jis buvo įmestas į liūtų duobę, ar Abraomo išbandyme, kai turėjo atnašauti savo paties sūnų.

Jei susiduriate su išbandymais ar sunkumais dėl to, kad tvirtai nestovite tiesoje, jūs turite nedelsiant nusisukti nuo savo nuodėmių, atgailauti, išvaryti visas pagundas ir išbandymus Dievo Žodžiu ir iš visų jėgų stengtis stabiliai stovėti ant tiesos uolos.

Tvirtai stov kite tiesoje, neb kite apgauti

1 Timotiejui 4:1-2 yra parašyta: „*Dvasia aiškiai sako, kad paskutiniais laikais kai kurie atsitrauks nuo tikėjimo, pasidavę klaidinančioms dvasioms ir demonų mokymams, veidmainingiems melo skelbėjams, turintiems sudegintą sąžinę.*"

Čia yra kalbama apie paskutiniuosius laikus, kuomet žmonės, teigiantys esą tikintieji, nusisuks nuo savo tikėjimo, pasidavę klaidinančioms dvasioms ir demonų mokymams.

Apgautieji žmonės yra veidmainiai, net jei jų darbai atrodo ištikimi ir teisūs. Jie meldžiasi taip, kad kiti išgirstų, stengiasi būti ištikimais dėl pinigų, o ne iš dėkingumo Dievo malonei. Galiausiai, jie nustoja tikėję ir nueina mirties keliu, kadangi turi sudegintą sąžinę, gyvena be tiesos ir mėgaujasi pasaulio pasilinksminimais.

Dievas griežtai perspėja visoje Biblijoje, kad nebūtumėte apgauti. Jėzus perspėja mus Mato 7:15-16: *„Saugokitės netikrų pranašų, kurie ateina pas jus avių kailyje, o viduje yra plėšrūs vilkai. Jūs pažinsite juos iš vaisių. Argi kas gali priskinti vynuogių nuo erškėčių ar figų nuo usnių?!"* Žmogaus žodžiai ir veiksmai atspindi jo mintis ir valią. Tuomet žmones galima atpažinti pagal jų vaisius. Jeigu žmogus kupinas tokių piktų vaisių, kaip neapykanta, pavydas ir įtarumas vietoje tiesos, gerumo ir teisumo vaisių, toks žmogus yra melagingas pranašas.

Daug melagingų pranašų, antikristo atstovų, jau yra pasaulyje. Taigi, Dievo vaikai privalo aiškiai suprasti, kas yra erezija, ir atskirti tiesos dvasią nuo klaidos dvasios.

Priešas velnias ir šėtonas niekada nepraleidžia galimybės apgauti Dievo vaikų ir priversti juos nusidėti, kuomet jie nuklysta nuo tiesos. Kai stabiliai laikotės tiesos ir paklūstate jai, jūsų neapgaus klaidos dvasia, jūs galėsite ją nesunkiai nugalėti, net jeigu ji prisiartins prie jūsų.

Draudžiama priimti bet kokius kitus mokymus, paklusti jiems ar būti apgautiems doktrinomis, kurios prieštarauja tiesai. Pakluskite Dievo Žodžiui ir vykdykite Šventosios Dvasios norus, kad būtumėte drąsūs ir nepriekaištingi per Antrąjį mūsų Viešpaties Jėzaus Kristaus atėjimą.

Jėzus mums sako: *„Geras žmogus iš gero širdies lobyno iškelia gera, o blogas iš blogo lobyno iškelia bloga. Todėl sakau jums: teismo dieną žmonės turės duoti apyskaitą už*

*kiekvieną pasakytą tuščią žodį. Pagal savo žodžius būsi
išteisintas ir pagal savo žodžius būsi pasmerktas.* " (Mato
12:35-37).

Geras žmogus turi gerą širdį ir negali skriausti kitų žmonių ar
daryti jiems žalą, net jei jiems patiems tai būtų naudinga.
Tačiau, piktas žmogus negali džiaugtis tiesa. Dėl savo pavydo
ir įtarumo jis daro blogybes, kad tik papiktintų kitus. Nors jo
žodžiai atrodo teisingi ir sąžiningi, toks žmogus negali būti geras,
jei jis ketina apkalbinėti kitus ar izoliuoti vieną žmogų nuo kito.

Taigi, visuomet melskitės ir būkite budrūs, kad nebūtumėte
apgauti. Būtinai išmokite atskirti dvasias, ar jos yra teisingos, ar
ne, ir niekada neteiskite kitų. Ir dar turite laikytis trejybės
tikėjimo, tikėti Tėvu, Sūnumi ir Dvasia, tikėti visa Biblija,
paklusti jai ir gyventi pagal ją.

„Ateik, Viešpatie Jėzau!"

Autorius:
Dr. Džeirokas Li

Dr. Džeirokas Li gimė 1943 metais Korėjos respublikos Kjong-nam provincijonje, Muano mieste. Jam sukakus dvidešimt metų, jis septynis metus sirgo daugybe nepagydomų ligų ir laukė mirties be išsigydymo vilties. Tačiau 1974 m. jo sesuo nuvedė jį į vieną bažnyčią, ir, kai jis atsiklaupė pasimelsti, Gyvas Dievas akimirksniu jį išgydė nuo visų ligų.

Tuo momentu, per šį stebuklingą atvejį, dr. Li susitiko su Gyvuoju Dievu, jis pamilo Dievą visa savo širdimi ir 1978 m. jis buvo Dievo pašauktas tapti Jo tarnu. Jis karštai meldėsi, norėdamas aiškiai sužinoti Dievo valią, visiškai ją įvykdyti ir paklusti visam Dievo Žodžiui. 1982 m. jis įsteigė Manmin Centrinę Bažnyčią Seule, Korėjoje ir nuo to laiko joje vyksta nesuskaičiuojami Dievo darbai – antgamtiški išgydymai ir stebuklai.

1986 m. Kasmetinės Korėjos Jėzaus Bažnyčios „Sungkiul" Asamblėjos metu dr. Li buvo įšventintas pastoriumi, o 1990 m. – praėjus tik keturiems metams – jo pamokslai buvo transliuojami Australijoje, Rusijoje, Filipinuose ir daugelyje kitų šalių, juos transliavo Tolimųjų Rytų Transliacijų Kompanija, Azijos Transliacijų Stotis ir Vašingtono Krikščionių Radijo Sistema.

Po trijų metų, 1993, Manmin Centrinė Bažnyčia buvo išrinkta Amerikos žurnalo „Christian World" viena iš „50 Pasaulio Geriausių Bažnyčių," ir jis gavo teologijos garbės daktaro laipsnį Krikščionių Tikėjimo Koledže, Floridoje, JAV, o 1996 m. Teologijos seminarijos „Kingsway" (Ajova, JAV), pamokslininko daktaro laipsnį.

Nuo 1993 m. dr. Li tapo pasaulinių misijų lyderiu daugelyje užsienio evangelizacijų Tanzanijoje, Argentinoje, Los Andžele, Baltimorėje, Havajuose, Niujorke, Ugandoje, Japonijoje, Pakistane, Kenijoje, Filipinuose, Hondūre, Indijoje, Rusijoje, Vokietijoje, Peru, Kongo Demokratinėje

Respublikoje, Izraelyje ir Estijoje. 2002 m. Korėjos pagrindinių krikščioniškų laikraščių už savo veiklą įvairiose užsienio Didžiosiose Jungtinėse Evangelizacijose jis buvo pavadintas „pasaulinio masto pastoriumi." 2012 m. birželis mėnesio duomenimis, Manmin Centrinei Bažnyčiai priklauso daugiau negu 120,000 narių. Visame pasaulyje yra 10,000 vietinių ir užsienio dukterinių bažnyčių-filialų: daugiau negu 129 misionierių buvo paskirta darbui 23 šalyse, kurių tarpe Jungtinės Valstijos, Rusija, Vokietija, Kanada, Japonija, Kinija, Prancūzija, Indija, Kenija ir daugelis kitų. Iki šios knygos leidimo datos dr. Li yra parašęs 64 knygų, tarp jų bestseleriai: *Patirti Amžinąjį Gyvenimą Anksčiau už Mirtį, Mano Gyvenimas, Mano Tikėjimas (1 ir 2 dalys), Žinia apie Kryžių, Tikėjimo Saikas, Dangus (1 ir 2 dalys), Pragaras* ir *Dievo Jėga*. Jo darbai buvo išversti daugiau negu į 74 kalbas.

Jo krikščioniški straipsniai yra spausdinami šiuose leidiniuose: „*The Hankook Ilbo*," „*The Chosun Ilbo*," „*The JoongAng Daily*," „*The Dong-A Ilbo*," „*The Munhwa Ilbo*," „*The Seoul Shinmun*," „*The Kyunghyang Shinmun*," „*The Hankyoreh Shinmun*," „*The Korea Economic Daily*," „*The Korea Herald*," „*The Shisa News*," ir „*The Christian Press*."

Šiuo metu Dr. Li yra daugelio misijų organizacijų ir asociacijų vadovas: Jėzaus Kristaus Jungtinė Šventumo Bažnyčia (pirmininkas), Manmin Pasaulinė Misija (prezidentas), Pasaulinės Krikščionybės Prabudimų Misijos Asociacija (nuolatinis pirmininkas), Globalus Krikščionių Tinklas GCN (steigėjas ir tarybos pirmininkas), Pasaulio Krikščionių Gydytojų Tinklas WCDN (steigėjas ir tarybos pirmininkas), Tarptautinė Manmin Seminarija MIS (steigėjas ir tarybos pirmininkas).

Dangus (1 ir 2 dalys)

Žavios gyvenimo aplinkos, kurioje gyvena Dangaus piliečiai, detalus aprašymas ir puikus skirtingų dangaus karalystės lygių pavaizdavimas.

Mano Gyvenimas, Mano Tikėjimas (1 ir 2 dalys)

Gardžiausias dvasinis aromatas, sklindantis iš gyvenimo, kuris tamsių bangų, šalto jungo ir neapsakomos nevilties laikais žydėjo neprilygstama meile Dievui.

Patirti Amžinąjį Gyvenimą Anksčiau už Mirtį

Dr. Džeiroko Li, kuris buvo gimęs iš naujo, išgelbėtas iš mirties šešėlio slėnio ir gyvena pavyzdingą krikščionišką gyvenimą, liudijimo memuarai.

Tikėjimo Saikas

Kokia buveinė, karūna ir apdovanojimai laukia jūsų Danguje? Ši knyga išmintingai ir kryptingai padės jums nustatyti savo tikėjimo saiką ir išugdyti geriausią ir brandžiausią tikėjimą.

Pragaras

Nuoširdus pamokslas visiems žmonėms nuo paties Dievo, kuris nori, kad nei viena siela nepatektų į pragaro gelmes! Sužinosite apie visai jums nepažįstamą pragaro gelmių realybę.

www.ingramcontent.com/pod-product-compliance
Lightning Source LLC
Chambersburg PA
CBHW061610120626
46550CB00004B/1671